投資の超プロが教える！

カブ先生の

「銘柄選び」の法則

投資歴37年、
機関投資家担当25年
元アジアNo1日本株セールス
田口れん太

Discover

まえがき

野菜のカブと投資の株には大きな違いが3つあります。

1つ目の大きな違いは、買う目的です。

野菜のカブは食べることが目的です。

一方、投資の株を買っても食べられません。それどころか投資の株を持っていても、ことさら便利になったり、快適になったりはしません。

また、投資の株で儲けるには、転売が必要です。投資の株は転売目的がほとんどです。しかし、野菜のカブを転売目的で買う人はいません。

2つ目の違いは、値段が下がったときの反応です。

野菜のカブの値段が下がれば、人は買いたくなります。場合によっては、いつもよりたくさん買いたくなります。値段が下がるとアドレナリンが出てワクワクします。

一方、投資の株は逆です。株価が下がると売りたくなります。下がったからといって、たくさん買おうとは思いません。値段が下がると不安と後悔が募ります。これは野菜のカブが消費目的で、投資の株が転売目的だからでしょう。野菜のカブは値段が下がると安くたくさん食べられて幸せになる一方で、投資の株は下がると転売が遠のくので不安になるのでしょう。

3つ目の違いは、割安/割高の感覚です。

野菜のカブは、だいたいの値段の感覚があります。わが家の近所のスーパーでは、3個390円程度で売っています。1個130円です。それが30円になることもなければ、1000円になることもありません。90円ぐらいになればバーゲンと考えて飛びつきます。逆に200円になったら買いません。だったら、私は代わりにダイコンを買います。野菜のカブについての値段の感覚は、多くの人が身につけています。

一方、投資の株については、値段の感覚がない投資家がたくさんいます。大多数の人が感覚を持っていないと言っていいでしょう。だから投資の株が30円になっても見向きもされず、逆に1000円、場合によっては1万円になっても飛びついて買う人があらわれます。

（実際には投資の株でも値段の割高、割安を判断するツールはあるのですが、あまり利用されていないようです）

野村證券や大和証券といった大手証券会社の対面販売を通じて株の売買を行う人は減りました。楽天証券やSBI証券などでオンライン取引をすれば手数料をゼロにすることもできるので、当然です。

しかし、この変化によって1つの弊害も生じています。大手証券会社の対面販売は（押し売りの問題はあったものの）証券会社側で一定の銘柄スクリーニングが行われていたため、極端な高値銘柄の推奨は抑制されていました。また、中には良心的なアドバイスを提供する営業の方もいたかもしれません。

一方、近年人気が高まっているネット証券での取引では、個人が自ら判断して売買を行いますが、**個人でネット取引を行う投資家の方の多くは、株価の適正水準に関す**

る感覚が養われないまま取引を行っているように見えます。

私たち日本人は世界的に見ても高水準の教育を受けていますが、学校教育において金融に関する教育がほとんど行われていないため、こと金融知識に関しては、国際的に見ても非常に低い状況にあります。このような環境下で、アドバイスなき株式投資が急速に普及しているのは、非常に危険な状況だと思います。

この本では、ここまで述べてきた問題点を解決するために、株価評価方法の基本である4つのバリュエーションについて、できるだけやさしくお伝えします。読んでいただくことで、投資の株の値段の感覚が身につくでしょう。投資の株が下がって30円になったらワクワクするようになるかもしれません。逆に、1万円になって飛びつくようなことは減るでしょう。

また、基本の4つのバリュエーションだけでなく、以下について解説しています。

- インフレが始まっていること、インフレに株は強いこと
- 資産の何%ぐらいを株に振り向けたらよいのか
- 日経平均の見通し
- 私の銘柄選びの方法
- 私の暴落回避法
- ブルーオーシャンなアナリストレポート
- アクティビズムと株式投資
- 私が実践している10の投資ルール

私は30年近く機関投資家向けの日本株の営業担当でした。お客さんの外国人機関投資家から「お前はストリートスマートだ」と呼ばれたことがあります。ストリートスマートとは、学校で学んだことではなくて、ストリート＝実践で知恵を身につけた人との意味なのでしょう。

この本の内容も、ストリートで私が身につけた投資方法だったり、解説だったりします。言いかえれば、この本は賢い学術的な本ではありません。他の投資入門書や株

について書かれた本とは異なる説明が多々あります。それは、実践で得たことを重視しながら、読者の皆さんに理解してもらえることを第一に考えているからです。

この本を手に取っていただいて、野菜のカブだけでなく、投資の株の値段の感覚を身につけていただく一助となれば、これほど嬉しいことはありません。

2025年3月

田口れん太

『投資の超プロが教える！
カブ先生の「銘柄選び」の法則』

ダウンロード特典

本書をご購入くださった皆さんに、
著者の田口れん太さんによる
「投資の超プロが教える！厳選 10 銘柄」（pdf）をプレゼント！

＼ アクセスはこちらから！ ／

ID ▶ discover3141
パスワード ▶ kabu

https://d21.co.jp/formitem/

- 上記よりご登録いただいたメールアドレスに pdf データをお送りいたします。
- 本特典は事前の通告なしにサービスを終了することがあります。

カブ先生の「銘柄選び」の法則　もくじ

第1章 なぜ、いま株式投資か？

第2章

4つの指標を覚えよう

第3章

銘柄選びの基本

私は何を見ているか

第4章 アナリストレポートの読み方

第5章 モノ言う株主の時代

第6章 実践！ 私の投資ルール

第1章

なぜ、いま株式投資か？

1 もうデフレには戻らない

私はハワイに行ったことがありません。特にハワイにネガティブな感情を持っているわけではなく、単に機会がなかっただけです。ちょっと変わった両親でしたので、子どもの頃に家族で行った海外旅行は、ソ連でした。そのためモスクワだけでなく、現在のウクライナの首都キーウにも行ったことがあります。

大学生になってからは、主に東南アジアと欧州を旅行しました。

結婚後はアメリカに短期留学し、その後スイスに駐在員として9年間滞在しました。夏休みの楽しみは、欧州旅行です。スイスから数時間のフライトで行ける地中海のリゾート地、サルディニア島には毎年1週間ほど滞在していました。

一方で、スイスからハワイはあまりに遠かった。ハワイに行く機会がないまま60年が過ぎました。一度はハワイに行ってみたいと思っています。

そこで、ハワイについて詳しい友人に滞在費用について尋ねたところ、今のホテル相場を教えてくれました。「カハラホテルは1泊5万円。昔は2万円ぐらいでずっと安かった」。半ば愚痴のようなトーンです。

「昔はずっと安かった」との発言の裏には、「いずれ昔の値段に戻る」との期待が含まれるように感じられます。そんなとき私は、こう言っています。

「残念ながら、昔の値段に戻ることはもうないでしょう。昔と比較しても、もはや意味がありません。むしろ、10年後に今の値段を振り返ったら、ずっと安いと感じるはずです」

ハワイの物価は上昇している。昔と比べハワイはずっと高い。でも未来のハワイの物価は今よりもずっと高くなる。何も手段を講じなければ、ハワイは手の届かない存在のままでしょう。ひょっとしたら、日本人のハワイは福島県の「スパリゾートハワイアンズ」になってしまうかもしれません。

われわれは長期のデフレに慣れてしまい、「いずれ値段が下がる」との感覚に浸りすぎています。しかしデフレは終わり、インフレが始まっています。それはつまり、**私たちは「今日よりも明日の値段のほうが高い」世界に生きている**ということです。

この章ではすでにインフレが始まっていること、それは長期に続きそうなこと、インフレ時代に投資すべき資産とは何か、インフレ時代にはどれくらいの株を保有すべきかについて解説します。

デフレは例外、インフレが当たり前

日本で物価上昇率の低下傾向、いわゆるデフレが始まったのは1992年からです。すでにデフレが始まって32年が経過しています。日本の32歳以下の人口は約3500万人ですので、日本の人口の3割は、生まれたときから「物価は下がることが当たり前」の環境で生活してきたことになります。

金融資産をある程度保有しているお金持ちにとっても、デフレが当たり前です。日本の現在の個人金融資産の総額は約2200兆円。図1のとおり、1980年はわず

図01　日本人の個人金融資産の総額

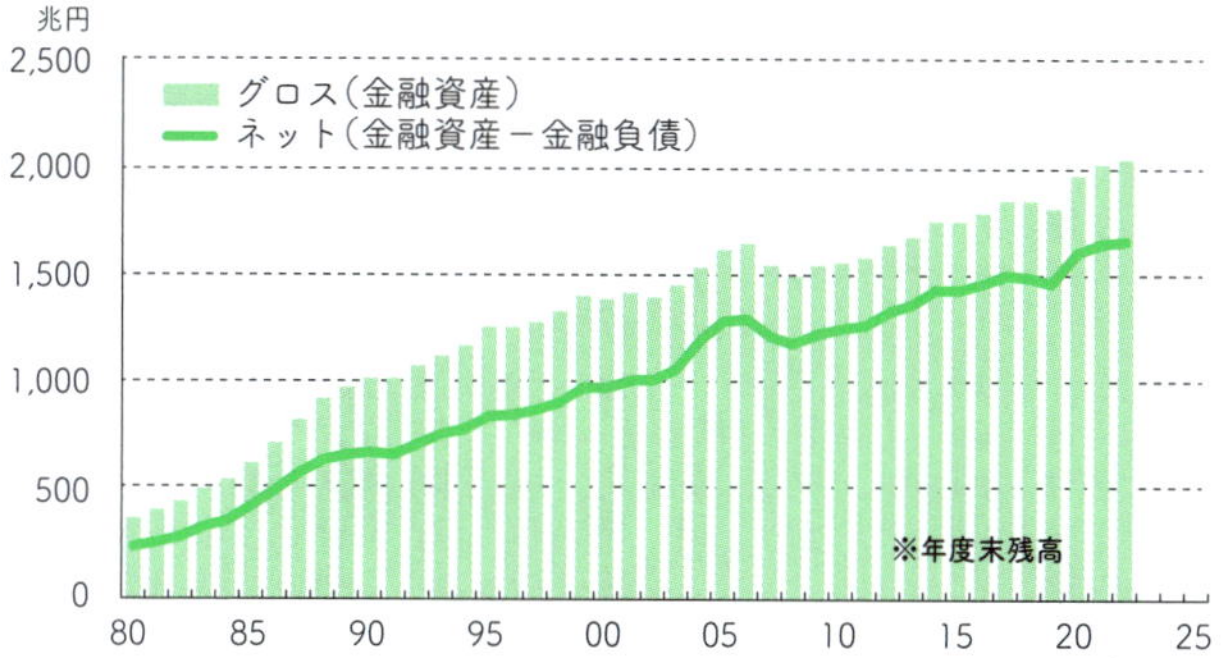

出所：https://www.dlri.co.jp/report/macro/261700.html

か３７２兆円でした。その個人金融資産は、１９９０年には１９８０年の２・７倍の１０００兆円に膨れ上がりました。その後２００４年に１５００兆円を突破し、２０２１年に２０００兆円を突破しました。

１９７５年に日本が参加する第１回の先進国首脳会議（サミット）が開かれました。１９７９年には日本を称賛する『ジャパンアズナンバーワン』という書籍が出版されています。日本は１９７０年代に経済的に成功し、その成功を金融資産として実感されるようになったのが１９８０年代です。日本人は１９８０年代に金持ちになったのです。

一方で、日本のデフレは１９９２年からです。日本人がお金持ちになってからのほとんどがデフレ期にあたります。１９７０年代のインフレ期には金融資産が少なく、金融資産が増えてからはデフレです。

32歳以下はデフレしか知らず、金融資産を保有している高年齢層もインフレ経験が少ない。つまり**日本人はデフレがマインドセットされていて、インフレに無防備**ということです。これは大変危険な状態です。

そもそもデフレは例外的な事象です。しかも多くのデフレは短期間で終わっています。30年もデフレが続いた事例は世界でも珍しい現象です。本来はインフレが当たり前で、デフレが例外です。

具体的に日本のデフレの事例を見てみましょう。明治以降の歴史を見ると、松方デフレは１８８１年から１８９２年までの12年間です。その後、第一次大戦後の不況と金本位制復帰によるデフレが１９２０年から１９３１年までの12年間です。第二次世界大戦後のドッジ・ラインによるデフレは、１９４９年から朝鮮戦争が始まる

1950年までですので、わずか1年です。
明治時代が始まってから156年間のうち、今回を含めてデフレはわずか4回。1992年以前のデフレ期間を合計しても、25年しかありません。このことからも、本来、デフレは例外であり、インフレが当たり前だということがおわかりでしょう。
私たちは、非常に例外的な32年間を過ごしたがゆえに、デフレに過剰適応してしまっている可能性すらあります。

次に、世界のデフレを見てみましょう。イギリスは1873年から1896年までデフレを経験しています。それでも期間は24年です。アメリカでは1929年の暗黒の木曜日から始まった大恐慌がデフレ期です。それでも1933年から物価は上昇に転じているので、期間はわずかに4年です。

世界の歴史を見ても日本の32年デフレは珍しい現象で、デフレしか知らない3500万人とインフレ経験がほとんどない富裕層が大量に存在しているという、珍しい状況にあるのです。

これから長期インフレが続くと考えられる４つの理由

明治以降の１５６年間でデフレは４回。期間を累計すると今回の32年分を加えても57年間。残りの99年間はインフレです。デフレ期間が異様に長かった日本ですら、インフレは３分の２。デフレは３分の１。

人生を90年としましょう。３分の１に当たる30年のデフレを経験すれば十分でしょう。１９９２年に生まれた32歳の人はこれからずっとインフレと考えてよいと思います。それ以上の高齢の方もデフレに巡り合うことはほぼないでしょう。もちろんギネス級のご長寿になれば話は別ですが。

さて、インフレが長期化すると私が考える理由を４つ取り上げます。

まずは「①脱炭素」です。

世界中で脱炭素は約束事です。今後、エネルギー源として安価な石炭や石油に頼ることはできません。

発電コストをキロワットあたりで比較してみましょう。石炭は12円、石油は30円。脱炭素エネルギーを見ると太陽光はメガソーラーで24円。風力は22円。原子力は10円と安いものの、原発の再稼働や新設にはまだまだ議論が多い。日本はフランスのように原子力に大きく依存するのは難しい。脱炭素エネルギーにシフトする過程で、高いエネルギー代は電気代に跳ね返り、物価上昇につながっています。

日本は21世紀後半のできるだけ早い時期に脱炭素社会を実現すること、そして2050年までに温室効果ガスを80％削減することを政府目標としています。少なくとも2050年までの20年以上はエネルギーシフトによる物価上昇が続くと考えています。

続いて「**②脱中国**」。これも物価高要因です。

中国が改革開放路線を始めたのは、1978年です。それを契機に中国は世界の工場となり、安価な労働力で、世界に低価格の商品を輸出しました。これは1990年代以降の日本のデフレの要因です。でも、もう中国には頼れません。台湾問題についての中国の現在の方針を考えると、台湾に関する地政学的リスクは高まるばかりでしょう。将来の制裁リスクを考えれば、中国の労働力に頼れる状況ではない。

仮に地政学的リスクがなくとも、そもそも中国は高齢化です。2023年末時点の65歳以上の高齢者人口は2億1676万人、総人口の15・4%です。2050年には約5億人の国民が高齢者になると予測されています。中国でこれから高齢者は倍増します。労働力人口が減るので、今後、中国は安価な労働力を供給する国ではなくなっていくでしょう。

世界の工場としてインドに期待する声もあります。実際にアップルはインドでのスマホ生産を増やしています。しかし私は、世界の工場としてインドに期待するのは大いに疑問と考えています。インドの人口は中国を抜いて世界一になりました。ただし盲点があります。インドの識字率です。2021年のインドの識字率は、全体で74・4%、うち男性82・4%、女性65・8%となっています。全人口の4分の1が文字を読めません。文字が読めなければ機械操作のマニュアルは読めないでしょう。メールのやり取りもできないでしょう。文字が読める人だけを選んだ労働力人口は、中国と比較してずっと少ない可能性があります。

インドは中国の代替にはならない――私はそう考えています。

③日本の高齢化

「③日本の高齢化」もインフレ要因です。

かつては「人口高齢化が進み、需要が減るのでデフレだ」というように、高齢化はデフレ要因として語られてきました。現実は違います。2025年に団塊世代が全員、後期高齢者になります。団塊世代は労働力人口ではなくなります。その結果として起こるのが人手不足です。人件費は上昇し、企業はそれを価格転嫁しますから、高齢化は物価上昇要因と考えるべきです。

高齢化の先は人口減少です。実際、日本の人口減少は始まっています。2023年に日本の人口は約60万人減りました。人口減少がデフレ要因だとの意見も聞きますが、それも違うでしょう。

なぜなら、人口減を実質的に埋め合わせる一定量の人口増加があるからです。それはインバウンド観光客です。

毎月300万人程度の観光客が来日しています。年間で3600万人ペースです。

インバウンド観光客は平均で11日程度日本に滞在します。11日間は365日の約3%分です。年間3600万人が年間の3%分滞在するわけですから、人口に直すと108万人分です。インバウンド観光客を「ごく短期間だけ滞在して、消費だけする移民」と考えると108万人分の需要が発生していることになります。死亡によって減少した60万人分と単純比較はできませんが、インバウンドによる108万人分のインパクトを見落としているように思えます。

このように、高齢化はデフレ要因ではありません。さらにインバウンド観光客は需要増を招く超短期の移民ですので、大きなインフレ要因です。

私たちの心に潜む**「④ポピュリズム」**もインフレを示唆します。GDP比で先進国では最大の債務を抱える日本です。政府債務をいつかは減らすことが求められるでしょう。それが分かっていても、増税には世論はノーです。景気は良くしてほしい、社会福祉は充実してほしい、でも103万円の壁を取り払って減税してほしい、増税はもちろんノー。「いいとこどり」です。潜在的に「いいとこどり」したいポピュリズム的な政策を、我々は望んでいるわけです。

では、わが国の政府債務の解消にはどのような方法があるのでしょうか？　以下の4つが考えられます。

（i）インフレによる債務の目減り
（ii）増税や政府支出の削減
（iii）デフォルトや債務減免
（iv）債務拡大を上回る経済成長

高度成長期ではありませんので、（iv）は難しいでしょう。
（iii）はロシアやギリシャ、アルゼンチンなどが行った方法です。日本の国債の保有者を見ると、日銀が全体の半分、銀行生損保が3割、海外が6％で、公的年金が5％、個人が1％です。ほとんどを国内の投資家が保有しています。そんな国債をデフォルトするという選択はないでしょう。あったとしても最後の手段です。
（ii）はどうでしょうか？　増税や政府支出の削減はポピュリズムが拒否するでしょ

う。個人の可処分所得減につながる増税には拒否感が強い。公共事業を削減して政府支出を減らす策も効果は限定的ですし、景気を鈍化させるので、世論は反対するでしょう。なにより国民は民主党政権下で行われた公共事業の削減後の景気鈍化を覚えています。さらに気候変動による災害増加を考えると、公共事業を減らす選択肢もないでしょう。

（ii）～（iv）の可能性が低いとなると、私たちに残された選択肢は（i）です。しかも（i）であれば、何かを宣言したり、行動を起こしたりする必要はありません。ポピュリズムがインフレを招く。言うなれば、インフレは私たち国民の選択でもあるのです。

これは日本に限った話ではありません。トランプ大統領は景気刺激的な政策を掲げています。アメリカも日本と同様にGDPに対する政府債務が拡大中です。アメリカ国民も増税を嫌い、「いいとこどり」を望むでしょう。アメリカが最終的にとるであろう策は、（i）のインフレ容認になると考えます。

世界で頻発している「**⑤戦争**」もインフレ要因です。戦争は家や工場を破壊しますが、それを元どおりにするためには新たな投資が必要です。その資金を誰かが出さなければならず、多くは政府の支出で賄われることになります。

また、復興するための需要も、モノの価格を押し上げるでしょう。復興には鉄鋼やセメント、大量の石油化学製品が投入されます。それは、資源や商品価格を押し上げることにつながると考えます。

地政学的リスクの高まりによる軍事費の増加は、日本に限らず世界で続くでしょう。少なくとも中国は台湾を統一するという目標を掲げ続けています。その時期は2027年とも2035年とも言われています。地政学的リスクが続く以上、軍事費や防衛費の増加が続く可能性は高いのです。

2025年度の防衛費予算は、過去最大の8・7兆円となる見込みです。これは日本のGDPの1・4%分にあたります。この本を書いている2025年2月の時点では、トランプ大統領はNATOに対してGDPの5%分の支出を求めています。日本も3%程度への増額を求める可能性が高く、今後も防衛費は増えていくでしょう。増税による防衛費の増額を国民は嫌いますので、わが国の選択肢はやはり（i）となるでしょう。

本項のポイント

- デフレは例外、インフレが当たり前
- 日本人はインフレに無防備
- 5つのインフレ要因＝①脱炭素／②脱中国／③高齢化／④ポピュリズム／⑤戦争

2 インフレに強い資産、弱い資産

これから所得格差と資産格差は大きく広がっていくでしょう。これは他の先進国がたどってきた道で、それを30年ぐらい遅れて日本が追いかけるイメージです。

たとえば終身雇用が終焉をむかえ、ジョブ型雇用が一般化していくと、能力差が給与格差という形で露骨に反映されることになるでしょう。解雇規制も緩和される可能性があります。会社の業績は良いけど、さらなる好業績を会社が求めて、「人事評価が下位10％の社員は自動的にクビ」などといった、プロ野球チームのような上場企業が誕生するかもしれません。

新NISAも格差要因です。新NISAを積極的にやる人と「政府の陰謀だ」などと妙な疑いをもって新NISAをやらない人との差も大きく広がっていくでしょう。

そして、「インフレに備える人」と「そうでない人」のと差も広がっていくでしょう。

ここでは、インフレに強い資産と弱い資産について説明します。

インフレに弱い資産の典型は、現金です。現金を貸金庫に預けたらなおダメです(盗難被害を受けるかもしれません)。銀行の普通預金や定期預金もダメでしょう。国債や社債もかなり怪しい。財務省は個人向け国債を「安心、元本割れなし」とアピールして販売しています。確かに元本割れはないでしょうが、特に満期が10年以上の長期債、超長期債については、インフレで目減りしてしまう可能性大です。これらの金融商品はどれも、インフレにより目減りするリスクが極めて高い商品なのです。

資産が目減りする感覚を理解していただくために、東京ディズニーランドの例で見てみましょう。東京ディズニーランドの1デーパスポートの料金は2019年には7500円でした。仮に銀行に1万円預金していたとします(あるいは1万円のタンス預金でも構いません)。2019年時点で、その1万円で1デーパスポートを買えば、

2500円のお釣りです。

もしあなたが楽しみを将来にとっておくタイプだったとしましょう。ディズニーに行く機会を数年待っているうちに、2020年に8200円に値上げになりました。コロナ禍もあったので、さらに機会を慎重に窺っていたら、2023年からさらに値上げされ、繁忙期の1デーパスポートは10900円です。お釣りどころか、1万円では入場すらできなくなってしまいました。こうして考えると、**現金や銀行預金などの商品は物価上昇に極めて弱い**ことがわかるでしょう。


インフレが資産を目減りさせることを示す、もっと分かりやすい例があります。

新潟貯蓄銀行（新潟市、現第四銀行）は1915年に100年定期預金を募集しました。大正天皇の即位を記念したもので、1円を預けた人が多数いたようです（当時の1円は、現在の1万円程度の価値がありました）。

条件を見ますと、100年定期預金の利率は年6％の複利です。1円預けると、満期の2015年には339円になります。実際、2015年には預金証書を受け継いだ子孫から同行へ問い合わせが数件あったそうです。確かに預けた金額の339倍ですが、1円預けた程度では、受け取れる金額は「すずめの涙」です。牛丼1杯食べることもできません。これはインフレによる価値の目減りの典型例です。

令和となった今、現金、預金、国債を保有しているということは、1915年の100年定期預金と同様のリスクを負っているといえるでしょう。

金利6%複利でもこんな状況ですが、現金に金利はつきません。現在、銀行の普通預金も定期預金も1%に満たない金利でしょう。2025年3月時点で募集中の国債の利回りは1%程度です。かたや、現在の日本の物価上昇率は2～3%です。すでに目減りは始まっています。

このように今後、現金や預金、国債は、目減りリスクの高い商品だと思います。

インフレに強い資産は株、不動産、金、仮想通貨です。私はこの4つの資産を2つに分けて考えています。「①株と不動産」「②金と仮想通貨」です。

「①株と不動産」がインフレに強い理由は、**価格転嫁できるから**です。

株について見てみましょう。インフレで原材料費や人件費が上昇したときに、企業は製品価格を値上げすることが可能です。製品価格を値上げすると、売上が増え、利益が増えますので株価は上がります。

たとえば、2024年のアルゼンチン株式市場。24年10月現在、年初来で84％上昇して、世界で最も上昇率が高い株式市場です。前年水準と比較すると株価指数は約3倍になっています。高インフレで有名ですが（足元のインフレ率は前年比で2・3倍（8月））、株式市場はそれ以上の上昇率となっています。アルゼンチンのような極端な事例でも上記の価格転嫁が行われて、株価上昇につながっています。同様のことはハイパーインフレに見舞われたジンバブエでも起こっています。

不動産も株と同じように価格転嫁が可能な資産です。だから不動産もインフレに強い資産といえます。オフィスビルや賃貸住宅のオーナーはテナントや住宅の居住者の家賃を引き上げることが可能です。地価や光熱費や管理費の上昇に応じて、コスト増を利用者に転嫁できるのです。

株と不動産のどちらもインフレに強いのですが、これらにはもう1つの共通項があります。**資産の評価方法であるバリュエーションが確立している**ことです。

株であれば、第2章で説明する4つの評価方法によって「高い安い」の判断がつきます。不動産も同様で、不動産なら年間の家賃収入を購入価格で割り算した「利回り」が一般的な評価方法で、利回りを使って「高い安い」の判断がつく点が特徴です。

「②金と仮想通貨」がインフレに強い理由は、その**希少性**です。金は採掘量が一定で、供給が急増することはほとんどありません。仮想通貨もマイニングが難しいので新規に供給が増えることはありません。どちらも供給が増えないので一定の希少性が保たれることがインフレに強い資産の理由でしょう。

金や仮想通貨の対極にあるのが、ドル、円、ユーロなどの主要国の通貨です。ポピュリズムが隆盛なので、政府は規律を持った財政は難しいでしょう。政府は増税や緊縮財政が難しいばかりでなく、景気悪化につながりかねない通貨供給量の削減や、金融引き締めには後ろ向きです。インフレ傾向が続くなかで、ドルや円、ユーロの供給は増え続ける可能性が高いと考えます。金や仮想通貨は政府のさじ加減次第で供給が増えることはありません。

「金と仮想通貨」が「株と不動産」と大きく違う点が1つあります。バリュエーションがないのです。利回りや純資産倍率などの指標がありません。ですから、高いか安いかの判断が大変難しいといえます。価格の下限値として金の採掘コストや仮想通貨のマイニングコストがあるのですが、それは最低限の価格で、しかもその価格に到達するまで下落することはほとんどありません。

金と仮想通貨にはチャート分析ぐらいしか分析手段がないのが難しい点です。

これから続くインフレ時代においては、評価基準が確立している「株と不動産」が投資しやすいと私は考えます。そしてインフレに弱い現金や債券などの資産の保有を適切なサイズまで減らし、インフレに強い資産を増やした人が、資産を増やしていくと考えます。

本項のポイント

- インフレに強い資産＝株／不動産／仮想通貨／金
- インフレに弱い資産＝現金／銀行預金／債券
- 株と不動産は評価方法が確立しているので投資しやすい

3 「日経平均7万円」シナリオ

株はインフレに強い資産で、日本においてもインフレ下で株価が上昇する可能性が高いと私は考えます。これまでの30年間は日本がデフレだったので株価が上昇しなかったのに対して、これから何十年も続くインフレ下では、日経平均は上昇する可能性が高いということです。

では、そのインパクトをどのように見ればよいのでしょうか？

三井住友ＤＳアセットマネジメントが２０２４年に提唱した「日経平均７万円」シナリオが分かりやすいので、ご覧ください（図２）。提唱されてから少し時間が経っているので、足元の日経平均をベースに調整したうえで、その内容をご紹介します。

図02 「日経平均7万円」シナリオ

注:データは2006年1-3月期〜2023年7-9月期。名目GDPは季節調整済み年率換算値。
出所:https://www.smd-am.co.jp/market/daily/focus/2024/focus240110gl/

①図2のように名目GDPとTOPIXの1株当たり利益の連動性は高い。インフレ調整を行う実質GDPではなく、インフレ調整を行わない素の数字である名目GDPとの連動が高い点がミソ

②過去の連動性から試算すると名目GDPが2%程度成長すれば、TOPIXの1株当たり利益は9%程度増加する

③日経平均3・5万円を起点にし、1株当たり利益が9%ずつ増加すれば8年後の2032年に日経平均は7・2万円程度になる

世界の株式市場の過去30年間の年間の平均上昇率が8%程度ですので、1株当たり

利益が９％ずつ増加して、その分だけ株価が上昇するという、このシナリオは、決して荒唐無稽な数字ではありません。むしろ私たちは30年間のデフレを過ごしているうちに、大事なことをひとつ忘れていました。それは、**インフレで企業の売上は拡大し、それに伴って利益も拡大する**という点です。

なぜインフレで企業業績は増加するのでしょうか？　身近な事例としてＪＲ東日本を取り上げてみましょう。

ＪＲ東日本は２０２４年12月に値上げを発表しました。値上げ率は７％で、26年３月から実施予定とのことです。値上げが実施されると、どのようなことが起こるでしょうか？

値上げが行われても、おそらくＪＲ東日本の利用者数は変わらないでしょう。なぜなら、首都圏の住民は世界最大の鉄道利用者だからです。世界最高峰の「乗り鉄」ともいえます。

世界の駅別の乗降客数を見てみましょう。１位から3位は日本が誇る不動のトップスリーで、順に新宿、渋谷、池袋です。４位が梅田（大阪）で、そのあと横浜、北千住、東京、名古屋と続き、9位にようやくインドのハオラ駅が登場します。そして10位は品川です。トップ10に海外の駅は1つだけで、JR東日本の駅が上位7駅を独占しているわけです。

JR東日本圏内の住民は車やバスなどの移動手段をあまり使わず、私鉄や東京メトロでの代替も限定的だと考えられます。値上げで利用者数が減らないのであれば、値上げ分の多くがそのまま利益として残ります。JR東日本の売上は2・8兆円程度です。会社の2024年3期の営業利益計画は3700億円です。JR東日本は駅ビルなどの鉄道以外の事業もありますので、JR東日本が7%の値上げを行ったときのインパクトは、900億円程度の増益効果といわれています。25%近い利益押上げ効果になるわけです。値上げ=増益効果が大きいことがご理解いただけるでしょう。

本章の第1項で人々がインフレを忘れてしまっているという話をしましたが、その観点からJR東日本の値上げの歴史を見てみましょう。

JR東日本が発足したのは1987年です。発足後の値上げは4回しかありません。値上げ率も1・9%〜2・8%と、ほとんど気づかれないような値上げです。

国鉄時代までさかのぼると、目立つところでは、1981年の9・7％の値上げ、1984年の8・2％の値上げがあります。こうして見ると、JR東日本の今回の7％の値上げは、少なくとも国鉄時代のインフレ期なみの値上げであることがわかります。しかし、1981年は昭和56年です。1984年は昭和59年です。当時の記憶が残っている人はほとんどいないでしょう。

2000年代のドイツと現在の日本は驚くほど似ている

「日経平均7万円」説を提唱しているのは三井住友DSアセットマネジメントですが、私が唱えているのは、「株式持ち合い解消で日経平均7万円」説です。

日本は先進国では珍しく、株式持ち合いを行っている国です。上場企業同士がお互いの株を保有し合います。その目的は、互いに株を保有し合うことによって買収対象になることを避け、互いに株主総会で賛成投票を行うことで株主の批判をかわす狙いがあります。

実は、株式持ち合いを行っていた国が日本以外にもう1か国ありました。ドイツです。ドイツは日本と似たような株式の持ち合いを行っていました。しかし弊害が多く、2000年代に株式持ち合いのほとんどを解消しました。当時のドイツと現在の日本があまりにも似ているので、ポイントをまとめます。

①1990年代のドイツ政府は株式持ち合いについて「事業会社の成長を阻害する行動をとるおそれがある」「事業会社の経営へのチェック機能が働かない」等の問題意識を持っていた

②1998年に発足したシュレーダー政権は持ち合い解消を促すために2000年にキャピタルゲイン税の非課税措置を導入

③2001年に公開買付手続の公正化・透明化を目的として、「有価証券の取得および買付けに関する法律」を制定

④2002年にコーポレートガバナンスコードの導入

順番が前後しますが、今の日本と驚くほど似ていませんか？

②の持ち合い解消は現在進行中です。③は同意なき買収の指針を経済産業省が

図03 DAX指数（ドイツ株価指数）の動向

出所：https://www.fsa.go.jp/common/about/research/20140627/01.pdf

2023年にまとめました。④は日本でも2015年に導入になっています。

ドイツの株価指数を見てみましょう。図3のとおり、改革が始まった1998年から2年間でDAX指数（ドイツ株価指数）は2倍になっています。

日経平均がドイツと同じような株価形成になったとすると、日経平均は持ち合い解消が積極化した時期の日経平均3・5万円から、2年間で7万円まで上昇することになります。

なぜドイツ市場は大幅に上昇したのでしょうか？　その背景には、上場企業による株主価値の拡大、すなわち時価総額の最大化への取り組みがありました。具体的には、投資家やアナリストの評価を意識し、「事業の集中と選択」を積極的に進めたのです。企業は競争力を失った事業を売却し、不採算事業を縮小する一方で、自社の強みがある分野に経営資源を集中させました。これらの取り組みの結果として、株価が上昇したのです。

日本企業にそんなことができるのか、という疑問の声が聞こえてきそうですが、すでに立派な前例が存在します。日立です。

日立は2016年以降、日立化成や日立金属など8社の上場企業を売却しました。その際の判断基準は明確でした。たとえ黒字事業であっても、一定の収益基準を下回る場合や、コア事業でないと判断された場合は売却対象となったのです。一方で、コア事業においては積極的な買収を展開しました。一例として、米国のIT企業「グローバルロジック」社を1兆円で買収しています。

日立の株価を見てみましょう。2016年に500円前後だった株価は、現在では3500円程度まで上昇しています。約7倍です。経営改革の成果が如実に表れていることがわかります。

現在の日本企業は、2000年代のドイツと同様の経営環境に置かれています。今後、事業の集中と選択を進める企業が増えれば、第二、第三の日立が誕生する可能性は大いにあります。そしてその結果、ドイツと同じ道をたどって、日経平均株価が7万円に到達することも決して夢物語ではないと考えています。

「日経平均10万円説」vs「日経平均3000円説」

日経平均が2倍になるという予測は、一見すると大胆な見方に思えるかもしれません。しかし、このような強気の見通しを持つ専門家は、実は少なくありません。たとえば、日本最大のアクティブ運用ファンドであるひふみ投信を運用するレオス・キャピタルワークスの藤野英人氏は、2030年代には日経平均が10万円を超えると予測しています。

藤野氏だけではありません。独立系調査会社の武者リサーチの武者陵司氏も、今後5年から10年の間に日経平均が10万円を超えると見ています。

反対の意見も見てみましょう。エコノミストの故森永卓郎氏は、時期は明示していないものの、日経平均3000円説を唱えています。しかし、この説は非現実的といえるでしょう。その理由は、第2章で詳しく説明するバリュエーションにあります。配当利回り、益利回り、PBRのいずれの指標から見ても、日経平均が3000円まで下落することは考えにくいのです。

なぜ、このように極端な弱気説が唱えられるのか、私なりに考えてみました。

1つ目の可能性は、いわゆる「買いたい強気」の裏返しです。市場では、自分が株式を購入したいときに意図的に弱気な意見を主張し、株価を下落させることで、有利な買い場をつくろうとする行為が時として見られます。

2つ目は、注目を集めたいという動機です。人は弱い生き物で、弱気な意見が耳目を集めやすい傾向があります。極端な意見を主張することで、話題性を獲得しようとする可能性があるのです。

おそらく後者が真相ではないでしょうか。日経平均3000円説が実現する可能性は極めて低いと私は考えます。森永氏は株式投資に否定的な立場を取っており、おそらく株式投資の経験も、株式の保有もないと推察されます。

ここで重要な投資原則をお伝えしておきましょう。**株式投資の経験がない人（エコノミストやアナリストの中にも少なくありません）や、株式を全く保有していない人の意見を参考にすべきではない**、ということです。そのような意見の多くは見当違いで、それに従うと後悔することが非常に多いのです。こういった私独自の投資ルールについては、第6章で詳しくご説明します。

本項のポイント

- インフレによる日経平均7万円説
- ドイツ株式市場の事例：持ち合い解消で2年で2倍
- 事業の選択と集中で株価が上昇した日立の事例
- 時価総額の最大化への取り組みが株価上昇につながる

4 資産のどれくらいを株式投資にあてるといいか？

株式投資を始めようとしている方も、すでに始めている方も、全体の資産のうちどれくらいを株式投資に振り向けるべきかは、とても重要なポイントでしょう。

この問題を考えるうえで、我々の年金を運用するＧＰＩＦ（年金積立金管理運用独立行政法人）のポートフォリオが良い参考になると私は考えます。

ＧＰＩＦは年金運用機関として、20歳からの納付開始から65歳の支給開始まで、45年という長期的な視点で運用を行っています。そのため、インフレを十分に考慮したポートフォリオ設計がなされています。また、日本国民の資産を預かるＧＰＩＦは、日本人特有の保守的な考え方も考慮したうえで、リスクとリターンのバランスを十分に検討したポートフォリオ構成を採用していると考えられます。

図04 GPIFの基本ポートフォリオ

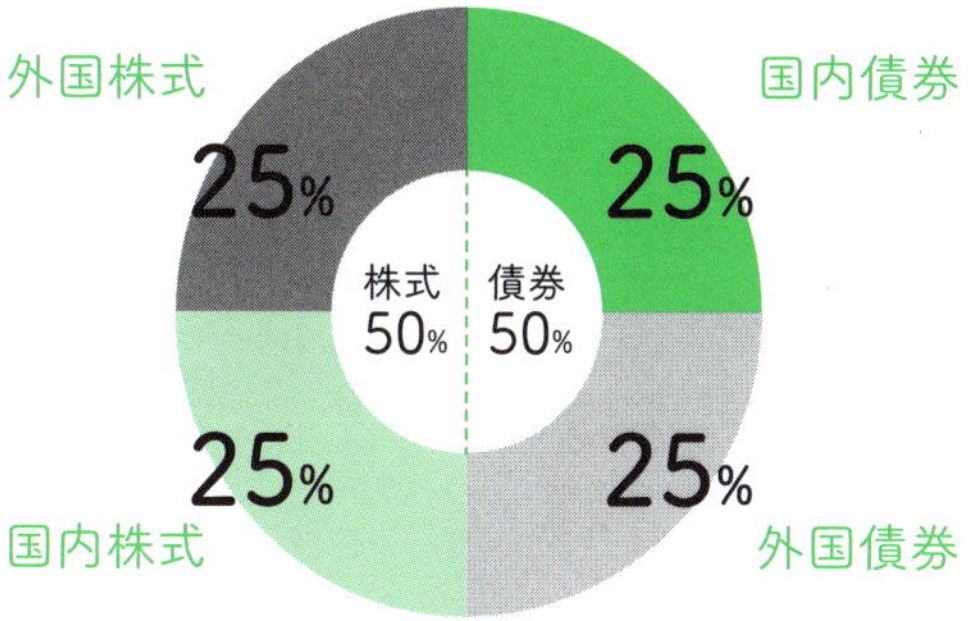

出所：https://www.gpif.go.jp/gpif/portfolio.html

ですから、一攫千金を狙うのではなく、長期的な株式投資の好パフォーマンスを享受したいと考える私たちにとって、最も参考になる運用モデルといえるでしょう。

具体的にGPIFのポートフォリオを見てみましょう。図4のとおり、資産は日本株、外国株、日本債券、外国債券の4つに分割されています。ただし、実際の運用においては、常に各資産が正確に25%ずつという配分で厳密に運用されているわけではなく、各資産について上下6〜8%程度の変動が許容されています。

この資産配分を初めて目にした方々の反応は、まちまちです。

反応1 ——「現金はゼロなのか。全部現金だと思っていた」

そのとおり、GPIFのポートフォリオでは現金比率はゼロとなっています。これはインフレを十分に考慮した結果です。本章の第2項で説明した100年定期預金のような悲劇を避け、現金保有による資産の目減りが起こらないよう設計されているのです。

一方で、一般的な日本人の資産構成を見てみると、図5のとおり、現預金の比率が54%と非常に高くなっています。これは、インフレリスクをあまり考慮していない資産配分といえます。言いかえれば、資産の実質的な価値が目減りしやすい、脆弱なポートフォリオ構成となっているといえます。

GPIFは年金運用機関ですから資金の出入りが予測可能ですが、個人の資産運用においては、予期せぬ突然の支出への備えは必要でしょう。そのため、現金や銀行預金をゼロにするのはリスキーです。個人の場合、GPIFの国内債券部分に相当する

図05 日米の家計の資産構成割合の比較（2023年）

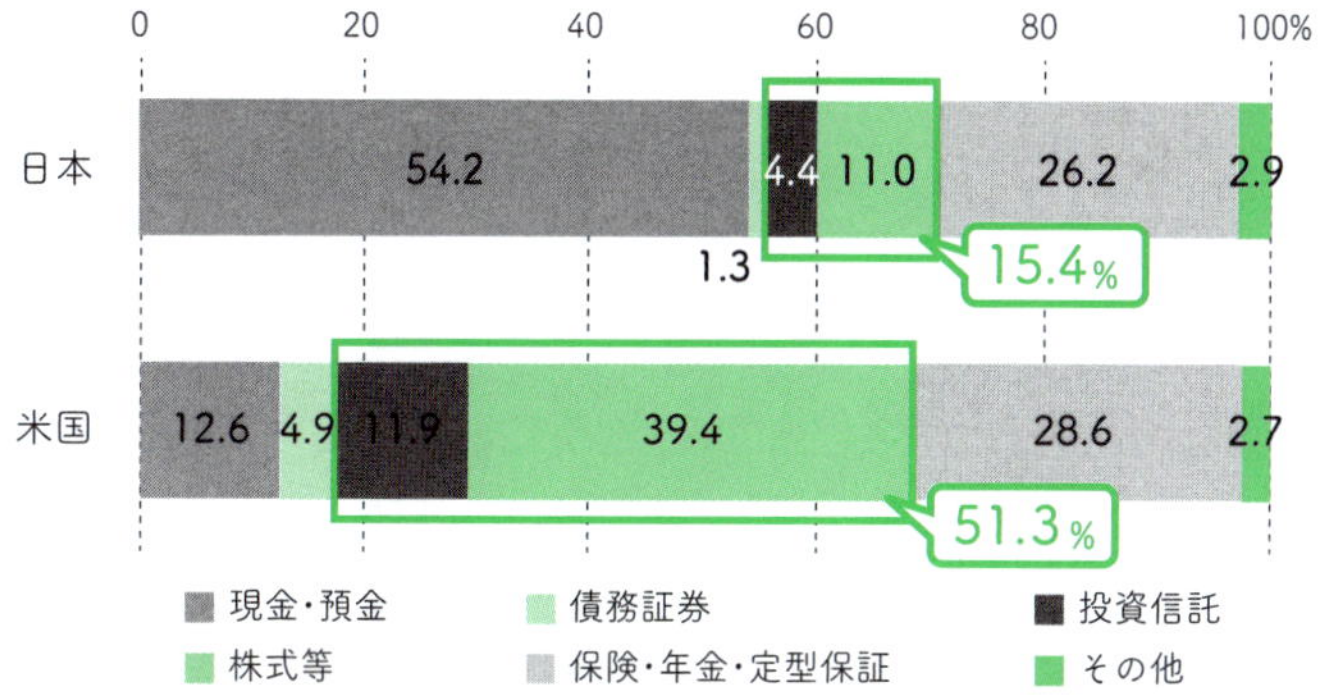

出所：https://www.smd-am.co.jp/market/naruhodo/2023/naruhodo_vol180/

25%程度を現金や銀行預金として保有するのが1つの目安となるでしょう。

また、図5のアメリカの例を参考に、全体の10〜15%を現預金とすることを目標にしてもいいかもしれません。

別の観点として、現預金を失業時の備えとして考える方法もあります。失業保険は1年間支給されますが、再就職活動が長引くケースも想定し、6ヵ月分の生活費を現預金として確保するという考え方です。現在の日本の人手不足状況を考えれば、1年半の就活期間があれば職は見つかる可能性が高く、預金が底をつくリスクは比較的低いと考えられます。

この方法を採用する場合、6ヵ月分の生活費を現預金として確保し、残りの資産を4分割して投資に回すという戦略が有効でしょう。

もう一度、図5をご覧ください。現在の日本人の資産構成は、5割以上が現預金となっています。これは単に保守的というレベルを超えて、インフレに対して極めて無防備な状態といえます。資産を保有しているご本人は安全な運用だと考えているかもしれませんが、実際にはリスクの高いポートフォリオとなっています。これは第1章で説明したとおり、日本人がお金持ちになってからインフレを経験していないことによる弊害ではないでしょうか。

反応2——「株の比率が全体の半分なんて、リスクとりすぎでは?」

長期投資の観点からすれば、株式比率50%はむしろ保守的な部類といえるでしょう。世界の年金運用を見てみると、ノルウェーの年金は約70%、カナダの年金に至っては85%を株式に投資しています。カリフォルニア州の退職職員年金でも55%が株式投資です。こうして見ると、日本のＧＰＩＦはむしろ株式比率が低い部類に入り、決してリスクをとりすぎているとはいえないことが分かります。

これほど株式比率が高いのは、株式と債券のリターンの差に理由があります。

日本の場合、２０００年以降のＴＯＰＩＸの年間平均リターンは２・５％でした。一方、債券（ＮＯＭＵＲＡ－ＢＰＩ総合）の平均年率リターンは約１％で、株式のほうが若干高い収益となっています。

米国市場ではその差がより顕著です。同期間の米国Ｓ＆Ｐ５００指数の平均年率リターンは約６・５％、債券（ブルームバーグ債券指数）は約４・５％と、株式が明らかに高いパフォーマンスを示しています。この実績を反映し、図５のとおり、アメリカ人は資産の約40％を株式に投資し、投資信託も含めると50％を超えています。対照的に、日本人の株式保有比率はわずか11％で、投資信託を含めても15％に過ぎません。

このように見ると、日本人のポートフォリオは保守的すぎると言わざるを得ません。ＧＰＩＦの資産配分やアメリカ人の資産構成に近づけていくほうが、より合理的な選択だと考えられます。

反応3 ――「外国債券と外国株が半分？ そんなにたくさんの資産が海外なの？」

これから始まる長期的な円安トレンドを考えると、むしろ当然の配分だと私は考えます。円高局面が訪れたとしても、それは一時的な現象に過ぎないでしょう。この見方の根拠となっているのが「国際収支の発展段階説」です。

この理論は1957年に経済学者のクローサーが提唱したもので、国は次の6段階で発展すると説明しています（図6）。

①未成熟な債務国
②成熟した債務国
③債務返済国
④未成熟な債権国
⑤成熟した債権国
⑥債権取り崩し国

図06 国際収支の発展段階説

	①未成熟な債務国	②成熟した債務国	③債務返済国	④未成熟な債権国	⑤成熟した債権国	⑥債権取り崩し国
経常収支	赤字	赤字	黒字	大黒字	黒字	赤字
貿易・サービス収支	赤字	黒字	大黒字	黒字	赤字	赤字
一時所得収支	赤字	赤字	赤字	黒字	大黒字	黒字
対外純資産	赤字	赤字	赤字	黒字	大黒字	黒字
金融収支	黒字	黒字	赤字	大赤字	赤字	黒字

出所：https://note.com/kind_hiro0127/n/n571350a04f37

この理論を具体的にイメージしてもらうため、私のサラリーマン人生にたとえて説明してみましょう。

私が1988年に大和証券に入社した当時、給料は少なく、デート代や飲み会代で財布はいつも寂しい状態でした。手取り額が少ないうえ、社会保障費や税金が引かれ、「学生時代のバイトのほうが裕福だった」と嘆いたものです。貯金はゼロで、生活費は高水準。社会経験の少ない未熟な若者がやることは決まっています。私はサラ金から50万円を借り、年利20%で毎月数万円の返済をしていました。これは国でいえば「①未成熟な債務国」の段階です。

30代に入ると状況が変化します。外資系への転職で給料が上がり、生活費の赤字はなくなりました。サラ金の借金は返済できたものの、今度は住宅ローンを抱えることになります。これは「②成熟した債務国」の状態です。

その後、外資系証券での重要な仕事を任されるようになり、給料とボーナスが増加。生活費を賄うだけでなく、住宅ローンの繰り上げ返済も可能になりました。これは「③債務返済国」の段階です。

ヘッドハントを経てさらに給与水準が上がり、住宅ローンを完済。貯蓄や投資を始められるようになりました。これが「④未成熟な債権国」の段階です。そのうちに投資用マンションを購入し、配当金や家賃収入だけで生活できるようになりました。これは「⑤成熟した債権国」の状態です。

さて私は3年前に会社を退職しました。会社員としての所得はゼロとなり、収入の大部分は配当金と投資用マンションの家賃収入です。今のところ貯蓄や投資の取り崩しは始まっていませんが、将来的に何らかの理由で高額の支出が続けば、「⑥債権取り崩し国」の段階に移行する可能性があります。

国際収支の発展段階説は、国の貿易収支と経常収支に注目します。ここまでのたとえでいえば、私の会社員としての収入と生活費の差し引きが「貿易収支」にあたり、それにサラ金からの借金、銀行ローン、貯蓄や投資、家賃からの収入を加減したのが「経常収支」に当たります。

この理論を為替市場に当てはめると、日本の将来的な円安の可能性が見えてきます。特に注目すべきは、**通貨が大幅に下落するのは「⑤成熟した債権国」から「⑥債権取り崩し国」への移行期である**という点です。

イギリスの事例は、この理論を理解するうえで非常に示唆的です。

図7をご覧ください。かつての大英帝国時代、イギリスは貿易収支、経常収支ともに黒字でした。しかし第二次世界大戦後、貿易収支は小幅な赤字となり、1970年頃から大幅な赤字に転落します。それに伴い経常収支も1970年代から赤字に転じ、1983年以降は恒常的な赤字が続いています。

つまりイギリスは1970年頃から貿易収支と経常収支が赤字となり、「⑤成熟した債権国」から「⑥債権取り崩し国」へと移行しているのです。

図07　20世紀後半以降のイギリスの経常収支

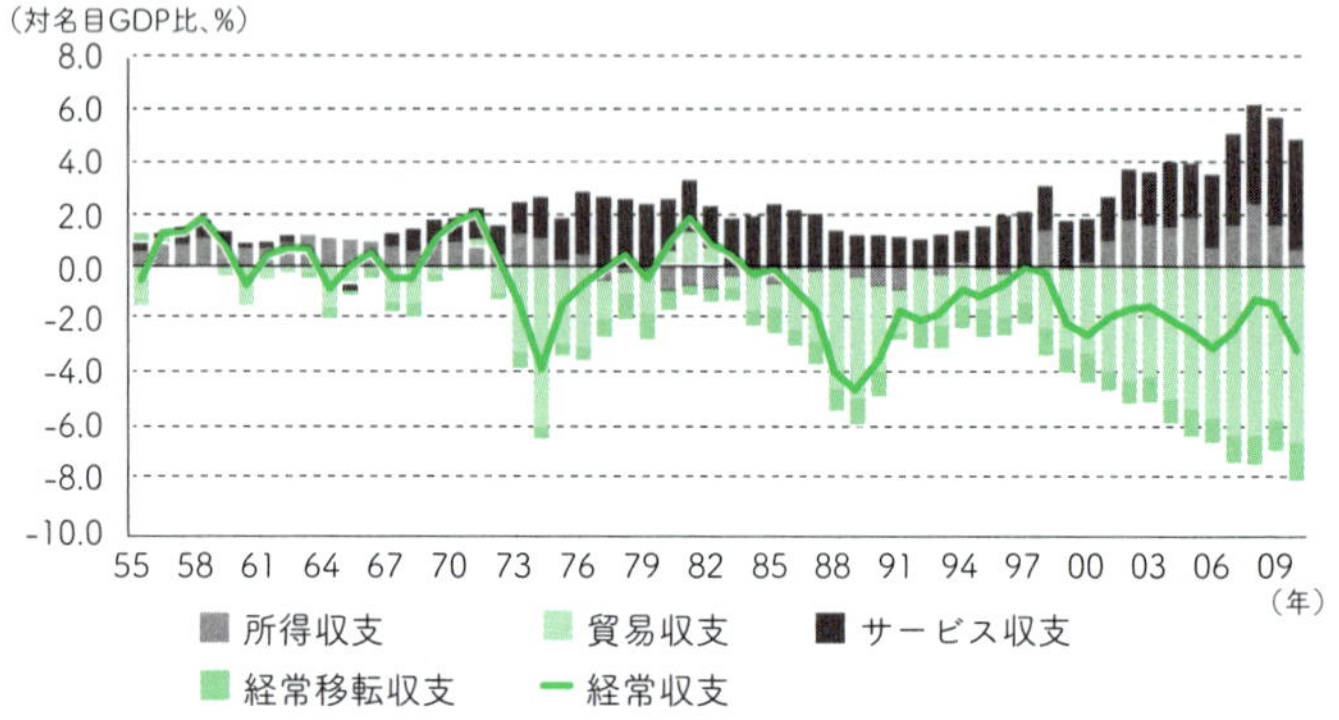

出所：https://www.dir.co.jp/report/research/economics/japan/12040601sothers.pdf

この状況がポンドに与えた影響は劇的でした。

図８をご覧いただければわかるとおり、１９７１年に８６５円だったポンド円レートは、１９７８年には３５９円と、半値以上の下落。そして１９８０年代には、１９８０年の５３５円から１９８９年の２１７円まで下落しました。さらに半値程度の下落です（現在は２００円程度で推移）。これは「⑤成熟した債権国」から「⑥債権取り崩し国」への移行期に起きた通貨下落の典型例といえます。

図08 英ポンドの対円相場

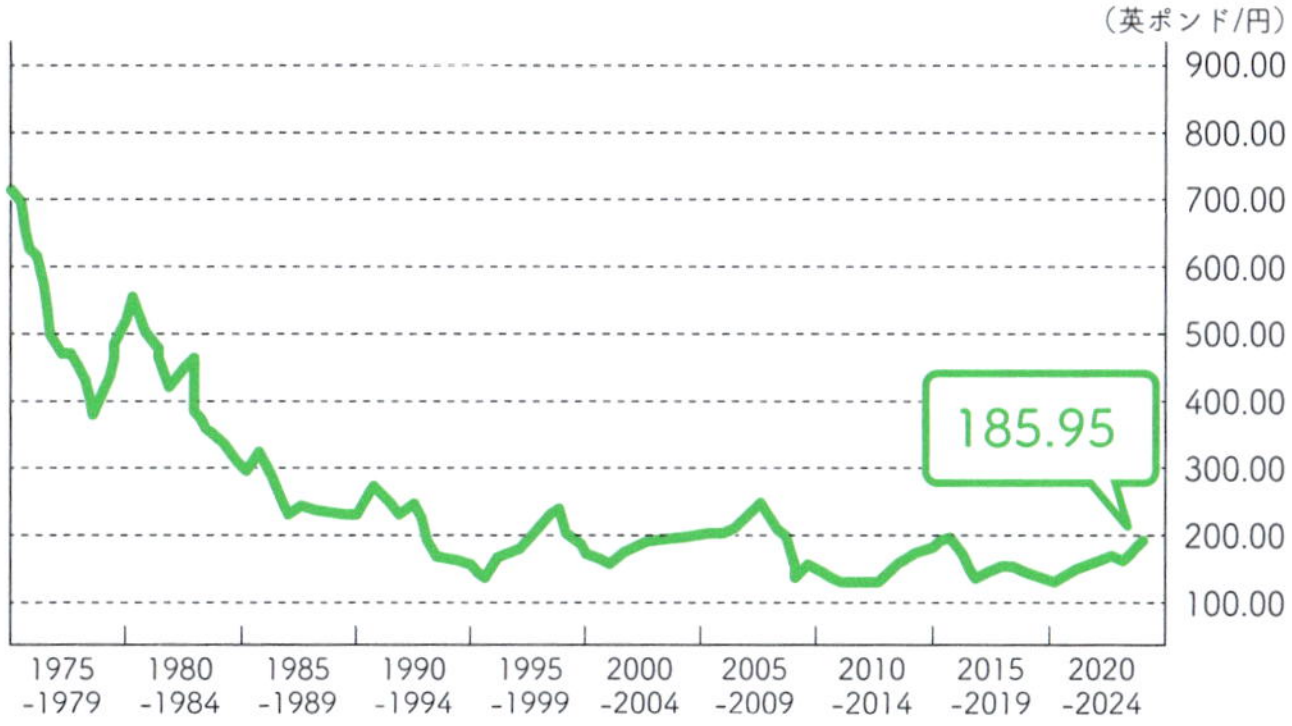

出所：https://www.m2j.co.jp/market/report/22133

私は、日本も同様の道をたどる可能性が高いと考えています。具体的には、**5〜10年程度でドル円レートが250円程度まで下落する可能性があると考えています。**その兆候は、既に日本の貿易収支に表れはじめています。

その典型的な例が自動車産業です。日本の輸出額の約2割、関連製品を含めると3割以上を占める自動車産業に、重要な変化が起きています。2023年、中国は日本を抜いて自動車輸出台数で世界1位となりました。生産台数を見ても、中国の3000万台に対し、日本は900万台と大きな差がついています。

特に電気自動車分野での中国の台頭は顕著です。2024年8月の中国市場での販売実績を見ると、日本メーカーは軒並み前年比マイナスとなっています。この状況は、1960年代から70年代にかけてのイギリス自動車産業の衰退を彷彿とさせます。

1960年代前半はアメリカ、ドイツに次ぐ世界3位の自動車生産国だったイギリスは、1970年代のオイルショックの時期、ガソリン代の高騰や排ガスなどの環境規制強化への対応に出遅れて、急速に競争力を失いました。一方で、燃費と環境性能に優れた日本車は、オイルショック以降シェアを伸ばし、1980年代には世界最大の自動車生産国となりました。1960年〜1970年のイギリスと日本の関係は、現在の日本と中国の関係に似ています。

このような状況を考えると、**資産を円だけで保有することはリスクが高い**といえるでしょう。GPIFが資産の半分を外貨建てにしているのは、極めて合理的な判断だと考えられます。

ただし、現在100％銀行預金という方が、いきなりGPIFの資産配分を目指すのは現実的ではありません。投資初心者の方は、以下のような段階的なアプローチをお勧めします。

①まず生活費6ヶ月分を現預金として確保
②残りの資産を5年程度かけて時間分散投資
③または初年度に目標額の半分を投資し、その後経験を積みながら、徐々に投資額を増やす

たとえば1000万円の預金がある場合、生活費が月20万円なら120万円を現預金として確保し、残り880万円を年間176万円ずつ、5年かけて分散投資していく方法が考えられます。日本株に限定しても、220万円を5年で分散投資する、あるいは初年度に110万円を投資し、その後徐々に投資額を増やしていく方法が有効でしょう。

本項のポイント

- GPIFの資産は4分割
- 発展段階説で考えると、円安が進む可能性が高い
- 資産を円だけで保有するのはリスクが高い
- いきなり4分割しない。時間をかけて配分を変える

第2章

4つの指標を覚えよう

1 4つの指標を覚えるメリット

第1章では、すでに始まっているインフレについて説明しました。インフレ下では株と不動産、金、仮想通貨がインフレに強い資産であること、今後の日経平均は上昇余地が大きいこと、だからこそ、少しずつ株の資産を増やすべきだということをお話ししてきました。

この章では、基本のバリュエーションの説明をできるだけやさしく行います。といっても、ネットキャッシュ分析やEV／EBITDA分析といった、専門的な解説は行いません。

本書で焦点を当てるのは、株式投資の基本となる、次の4つの指標です。

① ROE
② 配当利回り
③ 益利回り
④ PBR

投資経験をお持ちであれば、一度は見たことのある指標でしょう。これから投資を始めたい方もご安心ください。**この4つの指標を理解すれば、投資の基本を確実に押さえることができます。**

これらの指標については多くの書籍で解説されていますが、本書では異なる説明方法を採用しています。すでにこれらの指標を理解されている方にも、投資歴と機関投資家担当歴の長い私ならではの新鮮な切り口でご説明したいと考えています。

私の説明は、講演などでも「分かりやすい」と好評をいただいているものです。投資経験の少ないお友達に株のバリュエーションを説明する際にも、きっと役立つ方法だと確信しています。

4つの指標を知ることのメリット

本章を通じて、読者の皆さんには4つのメリットがあります。

①ROEを知ることで、ダメな会社と良い会社の区別がつく
②配当利回りを知ることで、あなたのお財布に入るおカネが簡単に計算できる
③益回りを知ることで、株価の高い安いが簡単に判別することができる。また、割安なときに株を買い、割高なときに売ることができる
④PBRを知ることで、日本株投資がいかに安く、株価上昇の余地があるかが分かる

そして、この4つの指標を知っていれば、自分で投資の判断ができるようになります。証券会社の営業手法やSNSの過激な言説に惑わされないようになります。つまり、自立した投資家として成長できるようになるのです。

計算式を使わなくても大丈夫

なお、これらの指標を自分で計算する必要はほとんどありません。私はこれらの指標を楽天証券のウェブサイトから得ています。念のため、ときどき他のサイトでも調べて裏をとる程度です。

計算は面倒なのでやらない。できるだけググる。かっこよく言えば、データの取得をアウトソースする。そんな方針なので、本書でも、複雑な計算式は一切使っていません。必要なのは単純な割り算と掛け算、パーセント程度なので、計算が苦手な方も安心してください。

(そもそも私も、地理や世界史が好きな典型的文系人間で、計算は苦手ですし、自分で計算するとたいてい間違っているので、何度も検算が必要だったりします)

2

ROE オレのカネでいくら稼ぐか？

4つの指標のうち、最初にご紹介するのがROEです。

私はROEを、「オレのカネでいくら稼ぐんだ」指標と呼んでいます。オレ（すなわち株主）のカネで稼ぐのは誰でしょうか？　それは会社の社長です。

ROEとは、株主のおカネで会社の社長が1年間にどれだけ稼ぐのかを示した指標です。

ROEは日本語では自己資本利益率と訳されます。ROEが理解しにくいのは、この翻訳が間違っているからだと私は考えています。ROEはReturn On Equityの略ですが、このEquityを「自己資本」と訳したことが、理解を難しくしている大きな要因なのです。

Equityは本来、「株式」を意味する言葉です。実際に、証券会社で企業を分析し、株式投資の判断レポートを作成する部署は、「エクイティ調査部」と呼ばれています。これは、社債や国債を分析する債券調査部と区別するための呼び方です。

Equityという言葉を検索してみると、株式とか株主資本といった訳語が出てきます。さらに語源を調べてみると、「等しい」を意味するEquiに由来していることが分かります。つまりEquityは、「等しい」や「平等」を意味するイコール（equal）や「赤道」を意味するイクエイター（Equator）と語源が同じということです。すなわち、株主に等しく与えられた平等な権利という意味合いが込められているといえるでしょう。そして、そこに「自己」というニュアンスは全く含まれていません。

したがって、**ROEは「自己資本利益率」ではなく、「株主資本利益率」と訳すべきであり、実際に最近では「株主資本利益率」という訳語が広まりつつあります。**

ROEは高ければ高いほど良い

ROEを「株主資本利益率」、つまり「オレのカネでどれだけ会社の社長は稼ぐのか」と考えると、とても理解しやすくなります。「株主資本利益率」という7文字を分解してみましょう。「株主」はすなわちオレ自身、「資本」はおカネのことです。つまり「株主資本」は「オレのカネ」を意味します。そして「利益」は会社が1年間で稼ぐ当期利益を表しています。

『マネーの虎』を例に考えてみましょう。この番組は2001年から2004年まで日本テレビで放送されたリアリティ番組で、一般人起業家が事業計画を提案し、投資家である審査員が出資を判断するという内容でした。

（今でも同じフォーマットで、『令和の虎』というYouTubeの番組が続いています）

仮に私がマネーの虎の投資家として、ある起業家に100万円を出資したとします。その起業家が1年間で5万円の当期利益を上げたとすれば、ROEは5%となります。

計算式では、**ROE＝当期利益÷株主資本×100**となるためです。もし利益が10万円だった場合、ROEは10％になります。このように、**ROEという指標は高ければ高いほど良いということになります。**

実際の株式市場では、特にアメリカ企業にROEの高い企業が多く存在します。たとえば、生成AI向け半導体で知られる**エヌビディアのROEは75％**です。革ジャン姿で有名な同社の社長が、もし『マネーの虎』に登場して100万円の出資を求めたら、投資家たちは競って出資するでしょう。なぜなら、100万円の出資で1年間に75万円もの利益を生み出すからです。

他の例を見てみましょう。iPhoneで有名な**アップルのROEは156％**です。もし同社が投資家から100万円の出資を受けたとすれば、そこから1年で156万円の利益を生み出すという計算です。また、ネット通販大手の**アマゾンのROEは20％前後**で推移しています。100万円から年間20万円の利益を生み出していることになりますから、十分に優秀な経営者といえるでしょう。

次に日本企業の例を見てみましょう。

トヨタの2024年3月期末のROEは15・8%でした。つまり、トヨタが投資家から資金を募るとすれば、100万円で15万8000円を稼ぐことになります。10年ほど前は一桁台だったことを考えると、収益力は大きく向上したといえます。

ユニクロを展開する**ファーストリテイリングはROEが20%程度**です。100万円の投資で20万円の利益を生み出すわけですから、株主にとって満足できる水準といえるでしょう。

一方、残念な例として野村ホールディングスが挙げられます。前期のROEはわずか5%でした。もし野村ホールディングスの社長が『マネーの虎』に出演したとすれば、「100万円を預けていただければ1年間で5万円を稼ぎます」という提案は、投資家たちから厳しい評価を受けることでしょう。

なぜなら、100万円で年間5万円を稼ぐのは、決して特別な実績とはいえないからです。アパートやマンションの区分所有投資でも、利回り5%台の物件は珍しくありません。株式市場でも、配当利回りが5%に近い銘柄は数多く存在します。つまり、わざわざ野村ホールディングスに投資する必要性は見出しにくいのです。

このように、**個別企業への投資を検討する際は、まずそのROEを確認しましょう。**あなた自身がマネーの虎になったつもりで、経営者があなたのお金でどれだけ稼いでくれるのかを見極めることが重要です。自分では到底達成できないような高いROEを実現している企業に投資し、誰でも実現できるような低いROEの企業への投資は避けるべきでしょう。

ROEはいちいち計算しないでも、調べれば分かる

ROEの計算は不要です。ググれば出てきます。たとえばグーグルに「トヨタ ROE」と入力してみたら、AIが過去5期分のROEを表示してくれました（図9）。便利な世の中ですね。

次に、楽天証券のウェブサイトを使ってROEを調べてみましょう。

図09 Googleで「トヨタ ROE」と入力すると……

トヨタ自動車の自己資本利益率（ROE）は、2024年3月期で15.8%、2024年4～12月期で15.6%でした。トヨタは、ROEを20%に引き上げることを目標としており、その実現に向けた取り組みを進めています。

【ROEの推移】

- 2019年3月期：9.46%
- 2020年3月期：9.88%
- 2021年3月期：9.59%
- 2022年3月期：10.86%
- 2024年3月期：15.8%
- 2024年4～12月期：15.6%

著者による検索結果。2025年3月10日時点

まずは銘柄の検索です。

楽天証券のトップページにある銘柄検索欄に「トヨタ」と入力します。

図10上のように候補銘柄が表示されますので「トヨタ自動車」をクリックします。

トヨタ自動車に関連するページに飛んだら、そこで指標欄をクリックしましょう（図10下）。

すると指標欄のページに飛ぶので、ここでROEの数字を得ることができます（図11）。

図10 楽天証券トップページで「トヨタ」と入力すると……

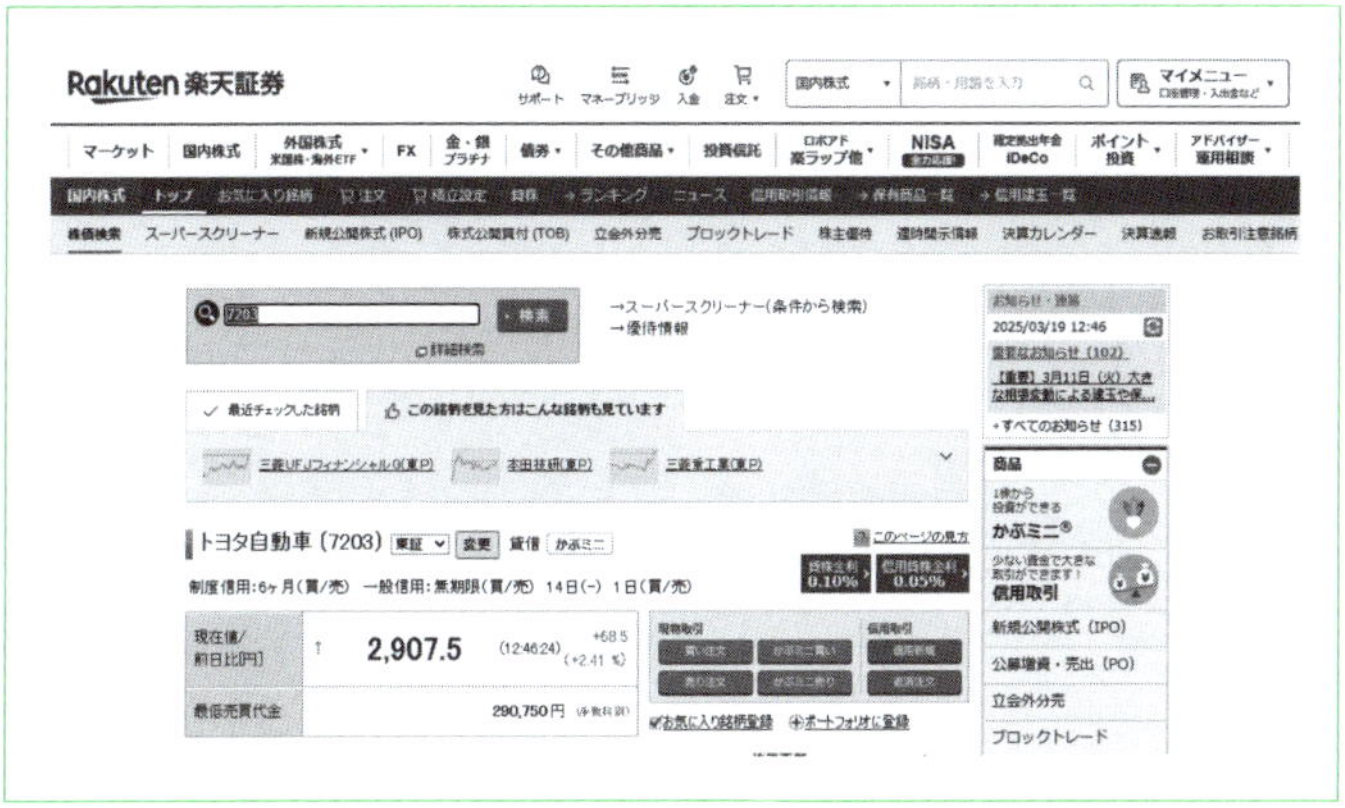

(出所)LSEG

楽天証券ウェブサイトより。2025年3月19日時点

図11 トヨタ自動車の指標一覧（楽天証券）

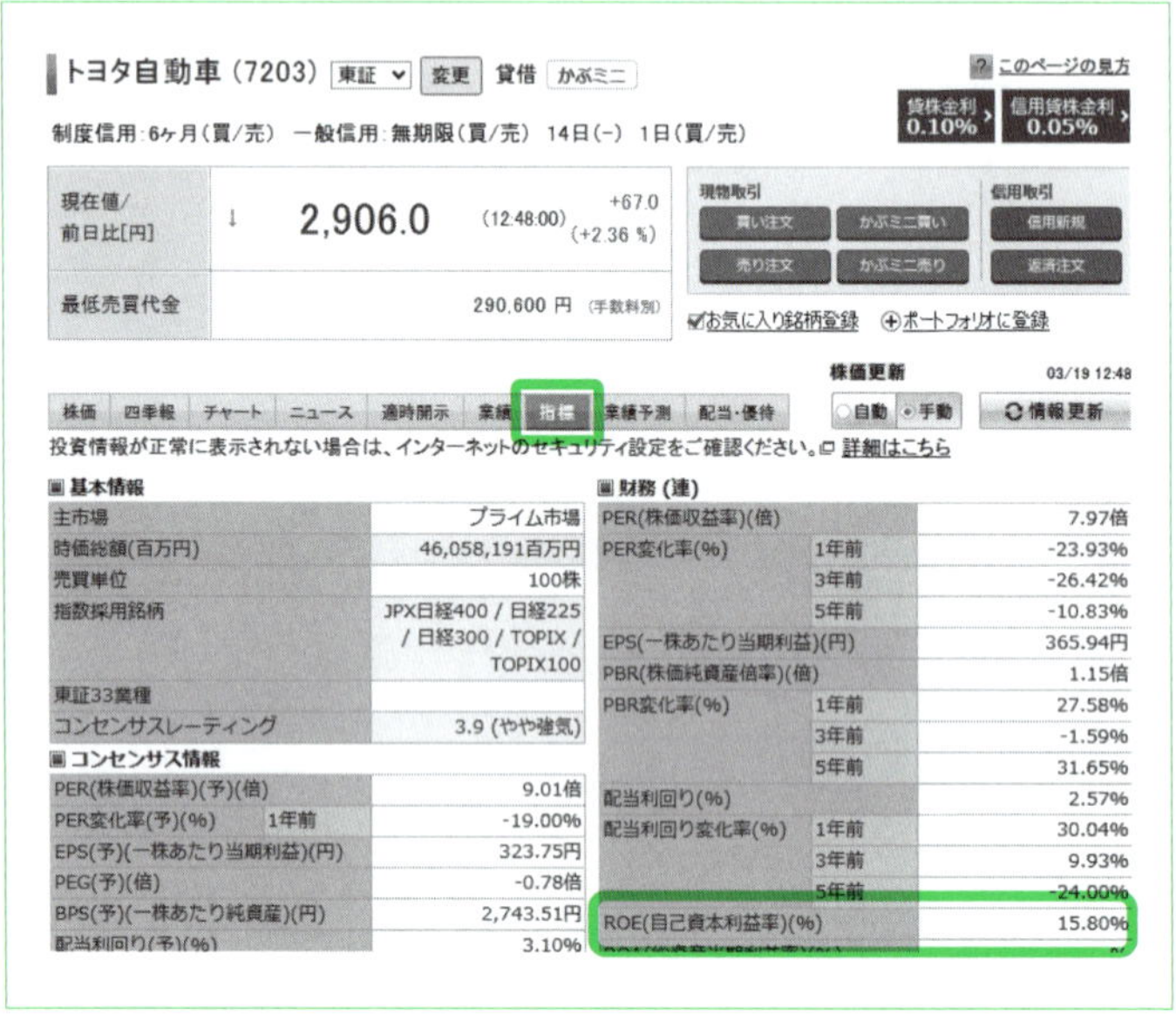

（出所）LSEG

楽天証券ウェブサイトより。2025年3月19日時点

図12 トヨタ自動車の過去5年分のROE

経営指標

決算期	2020/3連	2021/3連	2022/3連	2023/3連	2024/3連
一株純資産（円）	7,454.00	8,370.88	1,904.88	2,089.08	2,539.75
自己資本利益率（ROE）（%）	--	10.20	11.48	8.98	15.81
営業利益率（%）	8.03	8.08	9.55	7.33	11.87
自己資本比率（%）	38.20	37.59	38.77	38.14	37.98
決算月数（カ月）	12	12	12	12	12

日本経済新聞ウェブサイトより。2025年3月10日時点

ROEの計算式は当期利益÷株主資本×100でした。株主資本の額は通常は大きく変動しません。一方で当期利益は1年間の利益なので業種によっては大きく変動しますから、**できれば単年度ではなく、5年程度の期間の平均を見るのがベターです。**

過去5年分のROEを調べたい場合には日本経済新聞のウェブサイトが便利です。たとえばトヨタのケースでは「トヨタ ROE 日経新聞」とググっていただければ、図12に示すように、5年分のROEを見ることが可能です。

日米のROE比較

アメリカ企業と日本企業のROEを比較してみると、**アメリカが20％前後であるのに対し、日本は（改善傾向にあるとはいえ）8％前後**にとどまっています。

この差は、新興IT企業が次々と生まれるアメリカと、製造業中心の日本という産業構造の違いに起因する面もあるでしょう。また、不況時に迅速な人員削減を行うアメリカ企業と、社会の安定を重視して雇用維持を優先する日本企業との経営姿勢の違いも一因かもしれません。

しかし私は、日本の低ROEの本質的な原因は別のところにあると考えています。それは、ROEを「自己資本利益率」と誤訳したことに端を発すると見ています。本来は「株主資本利益率」であり、会社や自己のお金ではなく、株主のお金を意味するはずです。この誤訳が、日本企業の経営者の認識に重大な歪みをもたらしたのではないか、と。

株主資本を自己資本と認識してしまった日本企業の経営者は、それを株主のお金ではなく会社のお金だと誤解してしまいました。

そうなると経営者は2つの行動をとります。1つは株主への還元を最小限に抑えること、もう1つは利益を社内に貯め込むことです。「自分たちのお金なのだから、自分たちで貯め込めばよい」という発想です。

このような経営姿勢は株主にとって不利益となります。ROEは当期利益を株主資本で割って求められますが、会社が利益を株主に還元せず株主資本として社内に貯め込み続けると、分母である株主資本が増え続けます。当期利益が一定であれば、ROEは低下の一途をたどることになります。

これが**「内部留保の過剰な蓄積」**と呼ばれる現象で、このような企業が増え続けたのが、これまでの日本の実態です。低ROEとなった企業に対して、マネーの虎ならきっとこう言うでしょう。「そんな程度の収益性なら誰でも達成できる。お引き取りください」

私たちも、そのような株式をわざわざ保有する必要はありません。このように、**低ROEは日本株が長期低迷する要因の1つとなっている**のです。

株主資本を自己資本と誤認したことによるもう1つの弊害は、**過剰な増資**でした。上場企業は必要に応じて新株を発行し、証券会社を通じて投資家に販売することができます。これは株主資本を増やすことから「増資」と呼ばれています。本来、この資金は株主のものですが、会社の経営者が自己資金と捉えてしまうと、上場企業にとっては労せず資金を得られる手段となってしまいます。

証券会社にとって増資は手数料率が高く、非常に収益性の高いビジネスでした。そのため、長年にわたり証券会社の花形部署は、このような上場企業の増資を扱う部署でした。証券会社としては、自社の収益につながる増資を上場企業に継続的に実施してほしい。そのため、あえて「株主資本利益率」ではなく「自己資本利益率」という呼び方を好んだ面もあるでしょう。増資によってROEが低下し、株価が下がる可能性があることをあえて伝える必要もないと考えていたのかもしれません。

このような状況が繰り返された結果、日本の低ROEが定着したと考えられます。

しかし、この状況は2014年のスチュワードシップコードの導入を機に大きく変

図13 増資金額の推移

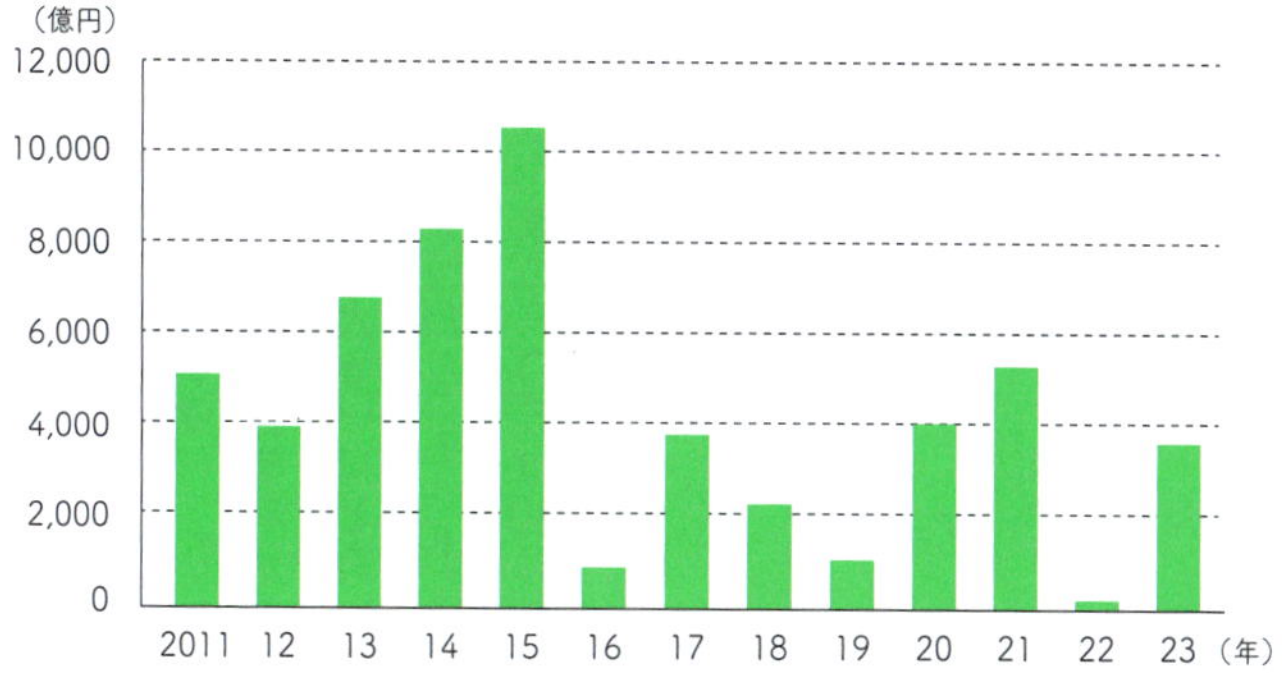

※著者作成

化しました。その結果、ＲＯＥは増加傾向を続け、私たち投資家にとって非常に有利な状況が生まれています。

図13を見ると、２０１４年前後で増資金額が大きく変化していることが分かります。ＲＯＥを悪化させる安易な増資が、この時期を境に大きく減少したことを示しています。

なお、スチュワードシップコードの導入とそれによる変化については、第5章で詳しく説明します。

本項のポイント

- ＲＯＥは株主資本利益率
- オレのカネで会社の経営者がどれくらい稼いでくれるのかを知る指標
- ＲＯＥの数値は大きいほど良い
- ＲＯＥはググったり、ネット証券のウェブサイトなどから得ることができる
- アメリカ企業のＲＯＥは20％前後、日本企業は８％前後

3 配当利回り 配当が高い銘柄を買うのが基本

2024年8月5日の月曜日、日経平均株価は過去最大の下落を記録しました。日銀の利上げに端を発したこの下落は「植田ショック」とも呼ばれ、その規模の大きさから「令和のブラックマンデー」とも呼ばれました。

私はこの日、ある銘柄に指値注文を入れ、株価下落に買い向かいました。市場の下げ局面だったため、数日に分けて少しずつ買い増す計画でした。

午前中に出した買い注文はすぐに約定しました。当然です。その時点ですでに日経平均は2000円を超える下落でしたから。午後も下落が続きそうでしたので、これはチャンスと考え、通常なら「あり得ない」ような安値で追加の指値注文を出しました。日経平均は3000円安、4000円安と下げ続けます。

楽天証券のウェブサイトで注文状況を確認すると、様子が変でした。「追加購入可能額」が異常に少ない。注文確認画面を見ると、追加の指値買い注文が約定していました。そこで問題が発覚したのです。誤発注でした。予定していた注文株数にゼロが1つ多くついており、予定の10倍の株数を購入してしまったのです。金額は大きく、市場は迷いましたが、このポジションを維持することにしました。購入銘柄の配当利回りにありました。下げ局面。それでも保有を続けられた理由は、日経平均の配当利回りが2％程度、市場で高配当とされる銘柄でも4～5％程度の中、この銘柄は9％という破格の配当利回りでした。

株式市場でも、それ以外の投資でも、9％という利回りはめったに見られません。地方都市の古いアパートでさえ、表面利回りは高くても、実質は4％程度に落ち着くことが多いと聞きます。購入した銘柄はリスクが比較的低いと理解していたこと、市場の急落場面でしか見られない高配当利回りだと判断し、誤発注を「幸運」と捉えて保有を継続しました。結果として、その後の株式市場の上昇により、この誤発注は私の「お宝銘柄」となりました。

株式投資の基本は、配当に着目して買うことです。配当利回りの高い銘柄、今後配当が増加しそうな銘柄を購入する。これは、投資初心者の方、経験の浅い方、投資がうまくいっていない方にお勧めの方法です。**株式投資は配当金と配当利回りに注目することから始めましょう。**これが基本中の基本です。

配当利回りも高ければ高いほど良い

上場企業は、決算期に年1回（または年2回）、株主に対して配当金を支払います。『マネーの虎』でいえば、**マネーの虎から出資を受けた起業家が、1年間の利益から投資家に支払うのが配当金です。**いわば出資に対する謝礼金のようなものです。

事業が成功していれば、起業家は多額の謝礼を支払うことができますが、失敗していれば、わずかな謝礼しか支払えないか、場合によってはゼロということもあります。マネーの虎である投資家は、出資額に対してできるだけ多くの謝礼金を支払ってくれる起業家を見つけたいわけです。

配当利回りは、各銘柄についてインターネットで簡単に調べることができます。S

BI証券や楽天証券などのネット証券では、銘柄名を入力して「指標」欄を見れば必ず表示されています。楽天証券では会社四季報も閲覧できるので、配当予想を確認するのも良い方法です。

自分で計算することも簡単です。1株当たり配当金を現在の株価で割り、100を掛けると配当利回りが得られます。計算式は**「配当利回り＝1株当たり配当金÷株価×100」**です。この数値は高ければ高いほど良いということになります。

事例1 ソフトバンク

具体例として、高配当利回りで知られる通信大手のソフトバンクを見てみましょう。ワイモバイルやあのCMで有名な白い犬のイメージキャラクターで知られる企業です。楽天証券のトップページで「ソフトバンク」と入力してみましょう（図14上）。複数銘柄が表示されますが、「ソフトバンク」を選択します。

選択したものの、本当に正しい選択なのか不安でしょう。そんなときは会社四季報欄をクリックすると、図14下の表示になります。特色欄に「ソフトバンク」「ワイモ

図14 楽天証券トップページで「ソフトバンク」と入力すると……

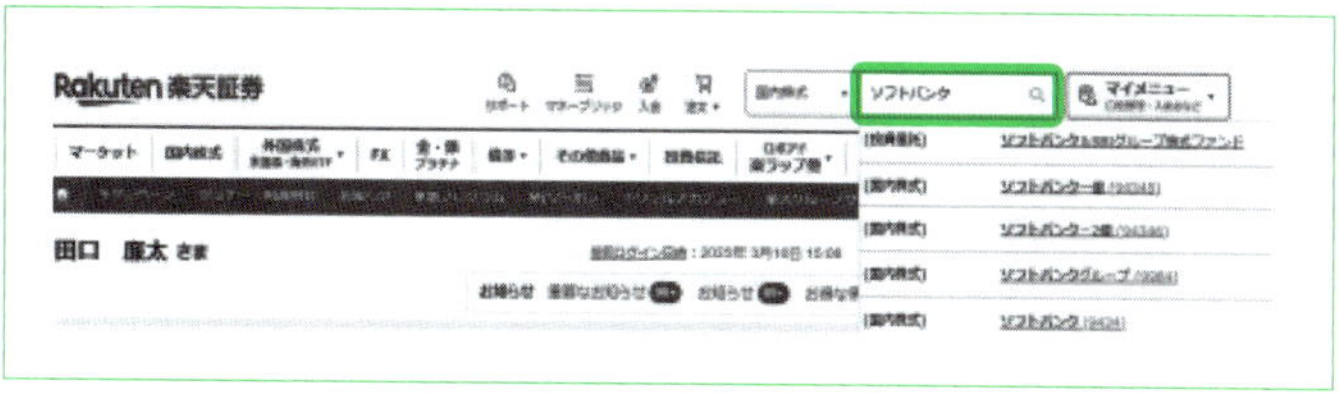

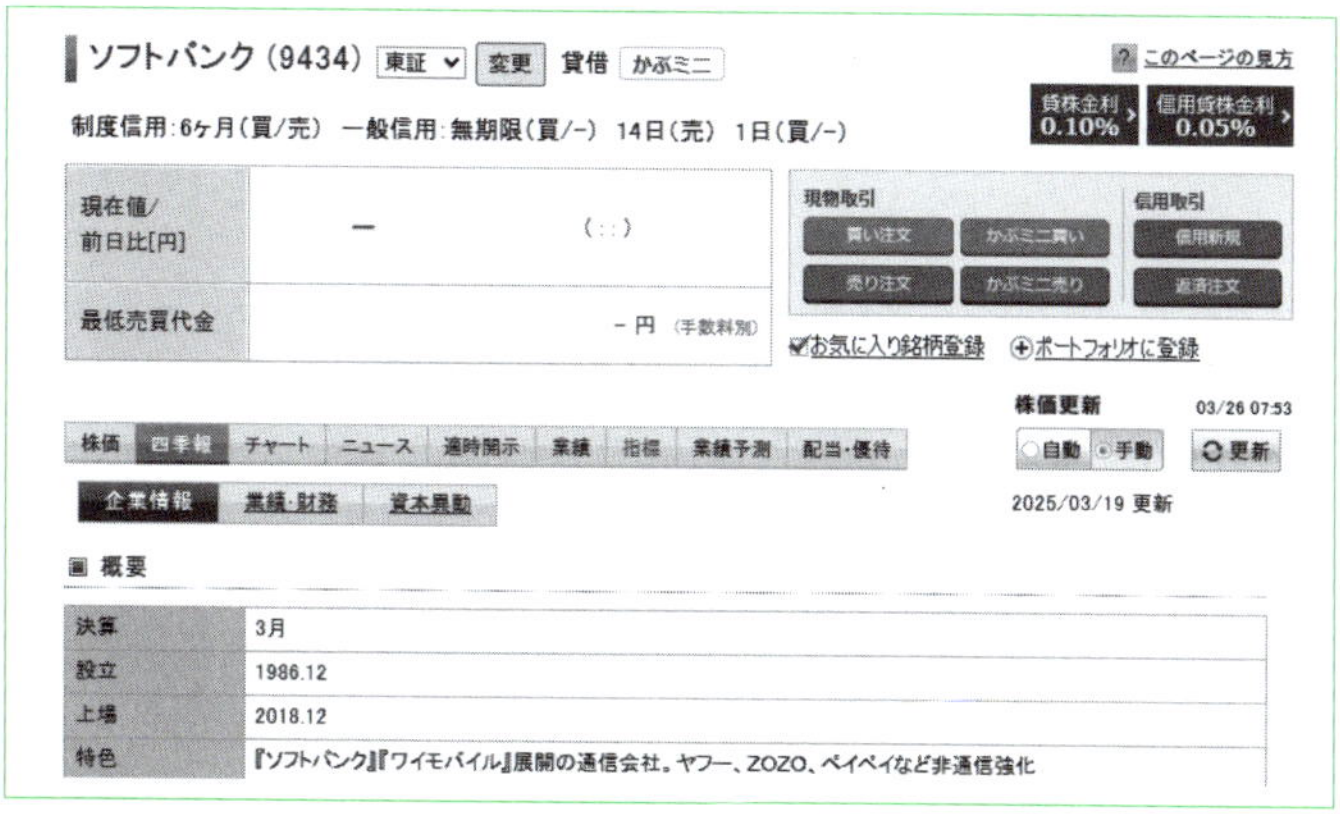

（出所）LSEG

楽天証券ウェブサイトより。2025年3月26日時点

図15 ソフトバンクの「指標」欄

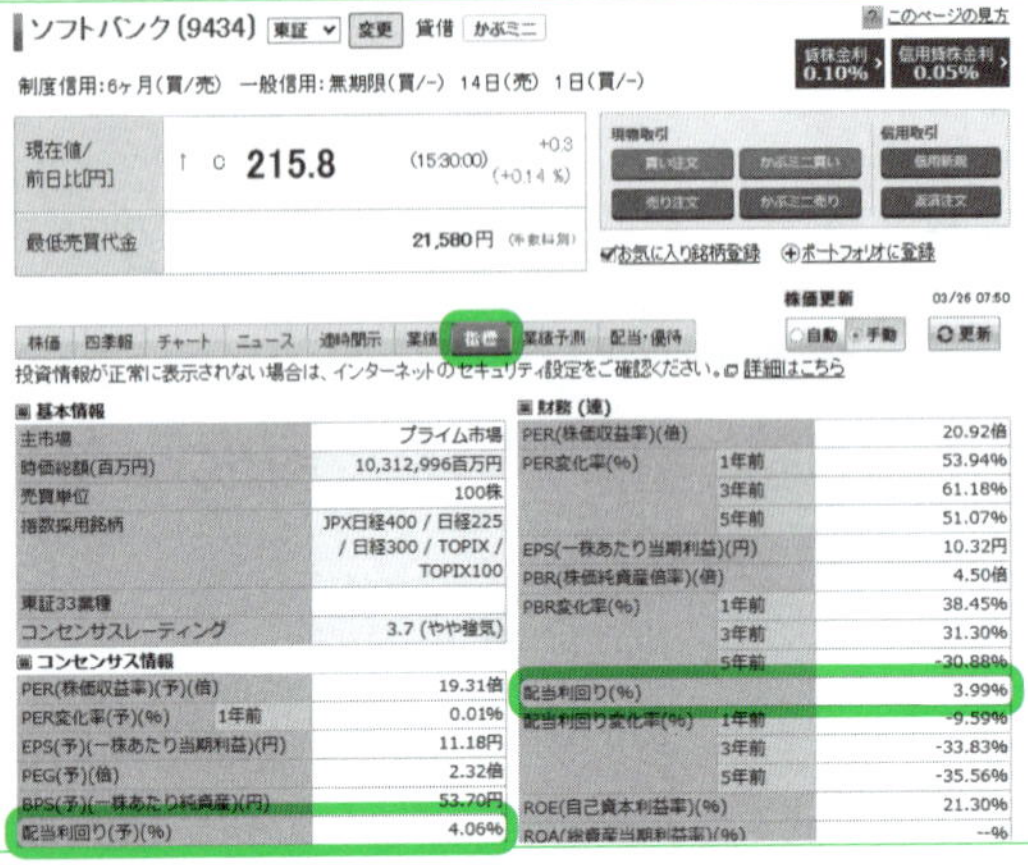

（出所）LSEG

楽天証券ウェブサイトより。2025年3月26日時点

バイル」展開の通信会社と掲載されていますから、どうやら選択は正しそうです。

さて、ソフトバンクの配当利回りを見てみましょう。続いて、「指標」欄をクリックしてください（図15）。

右のコラムと左のコラムに2つ配当利回りが掲載されています。右のコラムは前期末の配当をベースにした配当利回りです。左のコラムの配当利回りは（予）とありますので、今期のアナリストのコンセンサス予想をベースにした配

図16 ｜ソフトバンクの「業務・財務」欄

ソフトバンク（9434） 東証 変更 貸借 かぶミニ

制度信用：6ヶ月（買/売） 一般信用：無期限（買/−） 14日（売） 1日（買/−）

現在値/前日比[円] ↓ 214.1 （12:52:45） −0.1 （−0.05 %）

最低売買代金 21,410 円 （手数料別）

現物取引 買い注文 売り注文

お気に入り銘柄登録

株価 四季報 チャート ニュース 適時開示 業績 指標 業績予測 配当・優待

企業情報 業績・財務 資本異動

業績

【業績】	売上高	営業利益	税前利益	利益	1株益(円)	1株配(円)
◇22.3*	5,690,606	985,746	880,363	517,517	11.0	8.6
◇23.3*	5,911,999	1,060,168	862,868	531,366	11.3	8.6
◇24.3*	6,084,002	876,068	805,912	489,074	10.3	8.6
◇25.3*予	6,450,000	965,000	875,000	525,000	11.1	*8.6
◇26.3予	6,600,000	1,000,000	910,000	545,000	11.5	8.6

（出所）LSEG

楽天証券ウェブサイトより。2025年3月19日時点

当利回りです。

会社四季報を見てみましょう。先ほどの四季報欄をクリックし、さらに「業績・財務」欄をクリックしてください（図16）。

「1株配」欄は会社四季報が予想する1株当たり配当金です。25年3月期、26年3月期ともに86円と予想しているようです。この時点の株価は214・1円ですので、1株当たり配当金÷株価×100と計算すると配当利回りは今期、来期ともに4・01%となります。

事例2　三菱ＵＦＪ銀行

配当利回りについて説明する際に私がよく使うのは、三菱ＵＦＪ銀行（上場企業名では三菱ＵＦＪフィナンシャル・グループ、略称ＭＵＦＧ）の例です。

もし使う予定のない１００万円があるとして（結婚資金や子どもの教育資金など、将来使う予定のあるお金は除きます）、これを三菱ＵＦＪ銀行に預金したとしましょう。

２０２３年の1年間の利息は、わずか10円でした。駄菓子すら買えない金額です。日銀が利上げを実施した２０２４年でも、7月の利上げ後の普通預金金利で計算すると、１００万円を1年間預けて１０００円です。年に1回ランチに行ってお釣りがもらえる程度の金額です。

一方、ＭＵＦＧの株式配当を見てみましょう。**配当利回りは3％前後です。ＭＵＦＧ株を１００万円分保有すれば、年間3万円の配当金が得られます。**しかもＮＩＳＡ口座なら無税です。通常の特定口座では配当金に対して2割の税金が差し引かれ、手取りは2・4万円ですが、NISA口座なら3万円がそのまま受け取れます。ちょっと豪華なディナーを楽しめる金額です。

ただし、普通預金の金利と配当利回りには重要な違いがあります。普通預金の場合、期中に金利の変更がなければ、事前に決められた利息が預金者に支払われます。しかし、他方、配当利回りは異なります。

多くの3月決算企業は、5月の通期決算発表時に1株当たり配当金の会社計画を発表します。たとえば2024年の場合、24年5月に翌年3月期末までの株主に支払う配当金額を発表します。

MUFGの場合、24年9月期末の株主に25円、25年3月期末の株主に25円、年間合計50円の配当を予定していると発表しています。ただし、株価は日々変動します。MUFGの株価が1000円なら配当利回りは5%ですが、株価が2000円まで上昇すれば配当利回りは2・5%に低下します。

株価が1000円から2000円まで一気に上昇することは考えにくいものの、1ヶ月単位で見れば100円幅での変動はよくあります。したがって、高い配当利回りを得るためには、できるだけ安い株価で購入することが重要になります。

「高配当利回り」の基準は？

高配当利回りの基準について見てみましょう。現在の市場環境では4〜5％程度が「高配当利回り」の部類に入ります。しかし、不況期や弱気相場においては、私は6％を基準とするのが良いと考えています。

この基準の根拠となっているのが、武田薬品工業（4502）の事例です。同社は2009年3月期から10年以上にわたり、年間1株当たり180円の配当を継続してきました。注目すべきは、その後の株価推移です。リーマンショック後も、東日本大震災後も、そしてコロナショック後も、株価は3000円を下回ることがありませんでした。これは配当利回りで見ると約6％に相当します。

確かに武田は製薬会社という特性上、景気変動の影響を受けにくく、減配リスクも比較的低い側面があります。しかしこの事例は、6％という配当利回りがどのような市場環境においても投資家にとって極めて魅力的な水準であることを示しています。

そのため、**私は配当利回りが6％台に達している銘柄については「とても魅力的」と判断します。**このような高水準の配当利回りは例外的であり、それゆえに株価の下値も限定的だと考えられるためです。

事例3―九州電力

配当利回りが現在2％程度であっても、将来の増配可能性が高い銘柄については、将来的な6％の配当利回りを期待して投資することもあります。

その具体例として九州電力の事例を見てみましょう。図17にあるように、九州電力は2023年の時点で、2025年度までのできるだけ早い時期に1株当たり配当金を50円まで引き上げる方針を決算説明会資料で明らかにしていました。

九州電力の当時の株価は1000円前後で、年間配当金は20円でしたから、配当利回りは2％台でした。私は次のように考えて投資を決断しました。

「3年以内に配当金が50円になるのであれば、1000円で購入すれば配当利回りは

図17　九州電力の配当方針

- 安定配当の維持を基本に、当年度の業績に加え、中長期的な収支・財務状況等を総合的に勘案したうえで決定
- 財務目標の対象期間（～2025年度）内の可能な限り早い時期に震災前の水準（50円程度）への復配を目指す

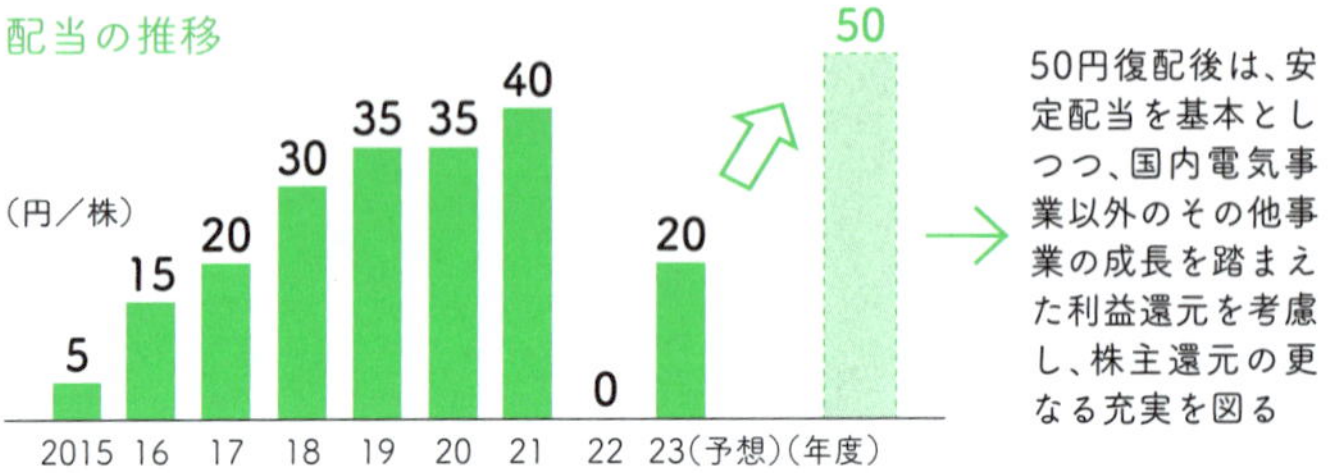

出所：https://www.kyuden.co.jp/var/rev0/0604/7689/u5gw7yps.pdf

５%になる。さらに業績次第では50円以上の増配も期待でき、配当利回り６%も視野に入る」

実際に同社は２０２５年３月期の配当金を50円とすることを発表し、その後、株価は１８００円台まで上昇しました。現在も保有を継続しており、高配当利回りを享受できる銘柄の１つとなっています。

このように、現在の配当利回りだけでなく、将来の増配可能性も考慮に入れた投資判断も有効です。読者の皆様も、まずは「配当利回り」という観点から株式投資を始めてみてはいかがでしょうか。

さて、日本の上場企業が支払った配当金を実感していただくために、次のクイズに答えてみてください。

Q 2024年3月期に日本企業が株主に支払った配当金の総額は次のうちどれ？
①100億円
②580億円
③15兆円

正解は「③15兆円」です。

この金額は日本企業が支払った配当額としては過去最高です。2014年のスチュワードシップコード導入時は約7兆円でしたから、10年で配当金総額は2倍に増加したことになります。

この数字は株価の上昇とも整合的です。2014年末の日経平均は1万7500円でしたが、現在は3万9000円と2・2倍になっています。「バブルだ、危ない」という指摘もありますが、実態は株主への配当金が2倍以上になったことを反映した、自然な上昇といえます。

その他の数字についても説明しておきます。

「①100億円」は2023年に日本の銀行が預金者に支払った利息の総額です。1000兆円という巨額の預金に対して、0・001％という低金利のため、その程度の額にとどまっているのです。配当金総額と比べると3ケタもの差があります。

「②580億円」は特殊詐欺（オレオレ詐欺など）の年間被害総額です。詐欺の手口は巧妙化していますが、その多くは銀行預金から引き出されています。つまり、銀行預金からの利息収入が100億円である一方で、詐欺被害は580億円にのぼっているわけです。最近では銀行員による貸金庫からの窃盗事件も発生するなど、預金としての保管にもリスクが存在することを示しています。

本項のポイント

- 配当や配当利回りは株式投資の基本
- 数字が大きければよい
- 現状では配当利回り4～5％は高い配当利回り
- 配当利回り6％以上はめったにない、魅力的な銘柄
- 将来の増配可能性が高い銘柄に投資する

4

益利回り
投資家の足元を照らす魔法の杖

益利回りは、投資判断において極めて有用な指標であり、いわば魔法の杖のような存在です。この指標を理解することで得られるメリットは数多くあります。

まず、不適切な高値での株式購入を避けることができます。株価が割高な時期での買い付けを防ぎ、より適切な投資タイミングを見極めることが可能になります。これは個別銘柄だけでなく、株価指数全体の評価にも適用できます。

また、証券会社からの売り出しの勧誘、たとえば「○○株の売り出しがあり、市場価格より3％割安で購入できます」といった提案に対しても、自身で割高・割安を判断できるようになります。他者からの投資推奨に対して、客観的な評価が可能となり、割高な銘柄への投資を避けることができます。

市場全体が急落するような場面でも、益利回りを基準にすることで、冷静な判断が可能です。市場は時として気まぐれな動きを見せ、突然の下落に見舞われることがありますが、「この価格水準は不当に安い。買い時だ」といった判断を的確に下すことができます。

さらに、債券利回りなど、株式以外の金融商品との比較が可能になることも、益利回りの大きな利点です。まさに、投資の道なき道を進む投資家にとって、足元を照らす魔法の杖のような存在なのです。

「益利回り」は「配当利回り」の上位互換

益利回りと配当利回りの関係について、会社の資金の動きを基に説明していきましょう。どのような企業においても、資金の流れは図18のように一定の順序で動いていきます。

①まず顧客から収益（売上）を得る

図18 企業活動における主な費用とその支払い先

費用		支払い先
収益（売上）	⇐	顧客
原材料費	⇒	取引先
人件費	⇒	従業員
元本・利息	⇒	金融機関等
法人税	⇒	国家
役員報酬	⇒	経営者
残余利益・配当	⇒	株主

出所：『増補改訂版 道具としてのファイナンス』（石野雄一、日本実業出版社）115ページ

②取引先へ原材料費等を支払う
③従業員へ人件費を支払う
④金融機関等へ元本・利息を支払う
⑤国家へ法人税を納める
⑥経営者へ役員報酬を支払う
⑦最後に残った利益から株主へ配当を行う

このように、配当金は当期利益（残余利益）から支払われます。いわば、すべての支払いが終わった後の「残りかす」から絞り出される「しぼり汁」のようなものです。配当利回りは、この「しぼり汁」を株価と比較した値です。

一方、**益利回りは「残りかす」そのもの**

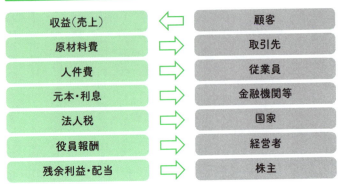

（当期利益全体）**を株価と比較した値**です。つまり、会社が当期利益の全額を配当として支払うと仮定した場合の配当利回りとも考えられます。そのため、益利回りは配当利回りの上位互換といえます。

計算方法も似ています。

配当利回り＝1株当たり配当÷株価×100
益利回り＝1株当たり当期利益÷株価×100

ただし、益利回りをグーグルなどで調べようとして、たとえば「会社名（例：トヨタ）益利回り」と検索しても、残念ながら、正確な益利回りの情報は表示されず、むしろAIは配当利回りと混同してしまう傾向があります。

事例 トヨタ自動車

そこで具体的な益利回りの計算方法を見ていきましょう。1株当たり当期利益は、楽天証券の会社四季報のページを見ると、該当企業の業績欄に掲載されています。

前章同様に株価検索欄でトヨタを入力し、トヨタ自動車を選択します。

トヨタ自動車を選択したら「四季報」欄をクリックし、さらに「業績・財務欄」をクリックすると、「1株益（円）」の欄に1株当たり当期利益の推移が表示されています。2025年3月期は313・4円となっています。

益利回りは、「1株当たり当期利益÷株価×100」で計算します。トヨタの株価が2909円の場合、益利回りは次のように計算できます。

313・4円÷2909円×100＝10・7％

これは配当利回り同様、高ければ高いほど投資家にとって魅力的な数値です。現在のトヨタの配当利回りは、1株当たり配当金80円として計算すると2・7％程度ですが、理論的には、当期利益全額を配当に回せば、10・7％の配当利回りとなる可能性を秘めているわけです。

図19 トヨタ自動車の「業務・財務」欄

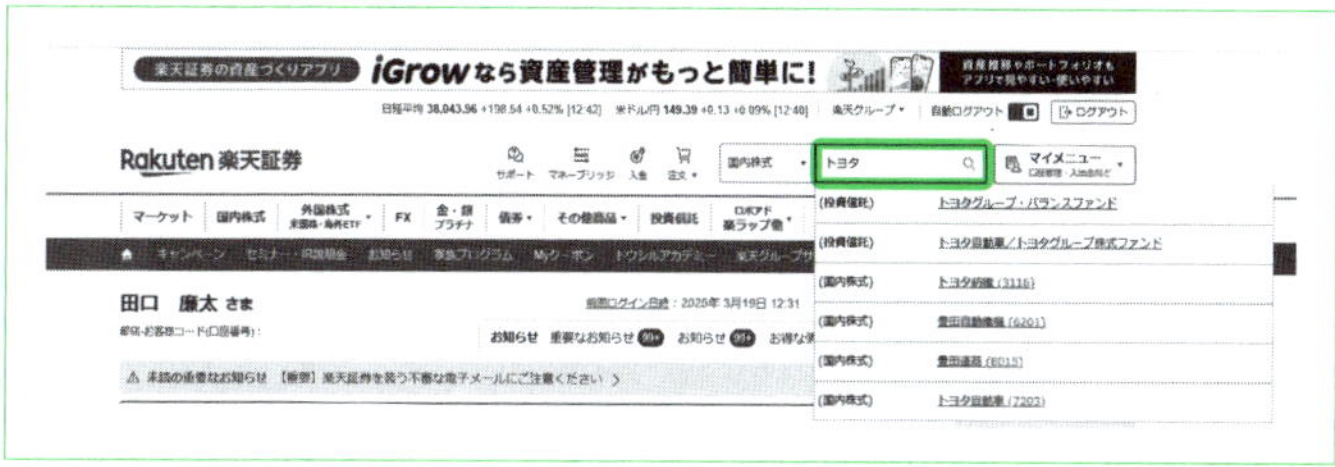

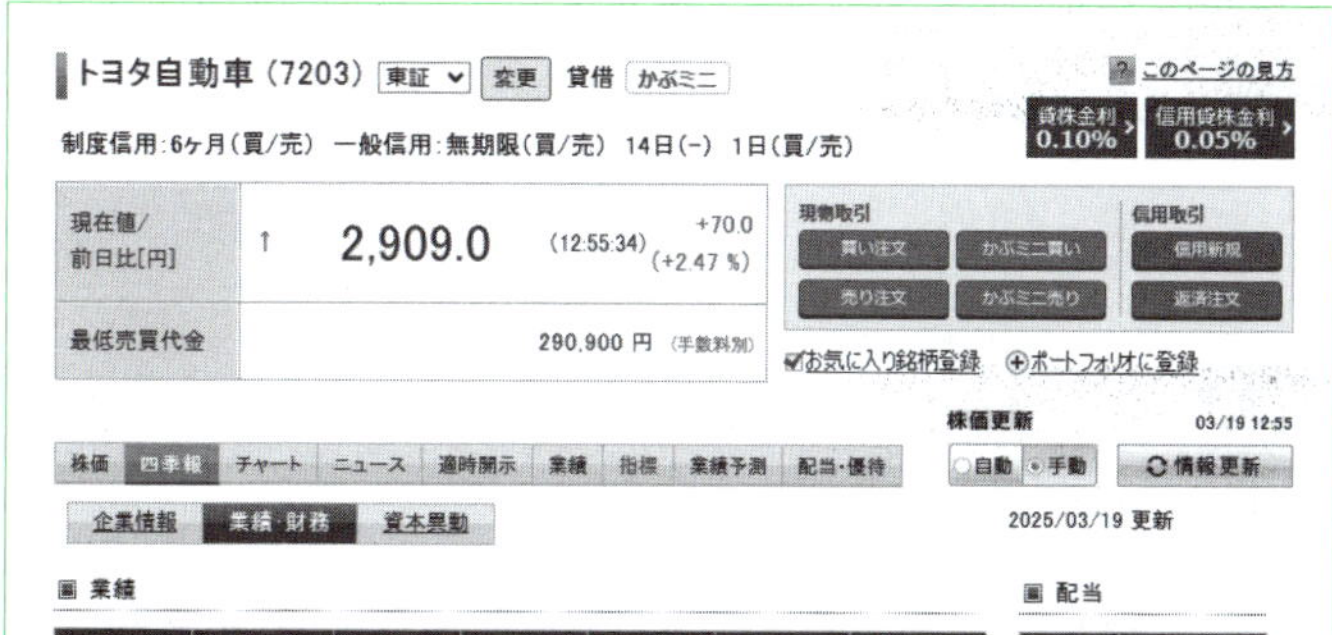

■ 業績

【業績】	売上高	営業利益	税前利益	利益	1株益(円)	1株配(円)
◇22.3*	31,379,507	2,995,697	3,990,532	2,850,110	205.2	52
◇23.3	37,154,298	2,725,025	3,668,733	2,451,318	179.5	60
◇24.3	45,095,325	5,352,934	6,965,085	4,944,933	365.9	75
◇25.3予	47,000,000	4,700,000	6,180,000	4,520,000	345.5	90〜95
◇26.3予	48,500,000	5,100,000	6,100,000	4,435,000	339.0	95〜100
◇24.4〜9	23,282,450	2,464,217	2,732,069	1,907,113	142.2	40
◇25.4〜9予	24,500,000	2,550,000	2,900,000	2,030,000	155.2	45〜50
◇23.4〜12	34,022,720	4,240,238	5,357,065	3,947,242	291.9	
◇24.4〜12	35,673,545	3,679,491	5,430,093	4,100,389	308.0	
会25.3予	47,000,000	4,700,000	6,180,000	4,520,000	-	(25.2.5)

■ 配当

【配当】	配当金(円)
23.3	35
23.9	30
24.3	45
24.9	40
25.3予	50〜55
25.9予	45〜50
26.3予	50

BPS(円)<◇24.12>	
2,742	2,540

楽天証券ウェブサイトより。2025年3月10日時点

（出所）LSEG

実際、ＳＢＩ証券のアナリストは、トヨタが将来的に大規模な株主還元に踏み切る可能性を指摘しており、５兆円規模の増配もしくは自社株買いの可能性に言及しています。仮に5兆円全額を配当に回すと、１株当たり約３００円の配当となり、まさに当期利益の全額配当に近い水準となります。

ただし、楽天証券のウェブサイトを開いて会社四季報を参照するのは手間がかかると感じる方も多いでしょう。実際、私も毎回会社四季報を確認しているわけではなく、別の検索方法を使っています。

ＰＥＲを活用して益利回りを算出する

「トヨタ　益利回り」という検索では、残念ながら目的の数値は見つかりません。益利回りはまだ一般的な指標とはいえないのです。しかし、だからこそ、この指標を理解していれば、「益利回りを知らない投資家」より有利な投資判断が可能になります。

図20　益利回りはPERの逆数

益利回り	▶ $益利回り(\%) = \dfrac{1株当たり利益}{株価} \times 100$
PER	▶ $PER = \dfrac{株価}{1株当たり利益}$
益利回りはPERの逆数	▶ $益利回り(\%) = \dfrac{1}{PER} \times 100$

出所：https://www.traders.co.jp/column/article/52

この益利回りを簡単に算出する裏技として、PER（株価収益率）を活用する方法があります。PERは株価と1株当たり利益を比較して割高・割安を判断する、最も一般的な株価指標です。計算式は**「株価÷1株当たり利益」**です。一般的な指標であるため、「トヨタ　PER」という簡単な検索でも結果が得られます。たとえばトヨタの場合、PER9・3倍という数値が表示されます。

ここで注目すべきは、PERの計算式と益利回りの計算式の関係です。益利回りは「1株当たり当期利益÷株価×100」ですが、これはPERの計算式を逆にして

100を掛けただけのものです。つまり、トヨタのPERが9・3倍であれば、「1÷9・3×100」という計算で益利回り10・7％を簡単に求めることができるのです。

繰り返しになりますが、益利回りとは、会社が当期利益の全額を配当金として支払った場合に株主が得られる利回りを示します。

トヨタの例で見ると、現在の配当利回りは2・7％ですが、益利回りは10・7％です。つまり、仮にトヨタが当期利益の全額を配当として支払えば、現在2・7％の配当利回りがたちまち10・7％まで上昇する可能性があるということです。

これは決して空想上の話ではありません。先述のSBI証券のアナリストが指摘するような5兆円規模の株主還元があり、それがすべて配当として支払われた場合、現実となる数字です。

具体的に言えば、**トヨタ株を100万円分、新NISA口座で購入した場合、全額配当なら年間10万7000円の配当収入が得られる計算になります。**新NISA口座なら非課税ですから、家族や親戚を招いた豪華なディナーも夢ではありません。これがトヨタ株の秘めたポテンシャルといえます。

不労所得としての株式投資

不労所得という観点も重要です。たとえば私はホンダ車が大好きで、トヨタ車を購入したことがありません。しかし今年から新ＮＩＳＡの成長投資枠を利用して、トヨタ株に毎月10万円の積立投資を始めました。

世界中、特にトヨタの本拠地である愛知県では多くのトヨタ車が販売されています。その売上はトヨタの収益となり、最終的には当期純利益として計上され、配当金として株主に還元されます。つまり、トヨタ車を購入した人々のお金が巡りめぐって、トヨタ車に乗っているわけではない私にも、定期的に配当金として支払われるのです。

この配当金が将来的に大幅に増える可能性もあるわけで、世界中のトヨタ車愛好家が支払ったお金の一部が私の収入となるという仕組みこそが、まさに「不労所得」の本質といえるでしょう。

「上場企業が当期利益の全額を配当として支払うはずがない」と思われるかもしれま

せん。しかし、実際にそのような例は存在します。不動産上場投資信託（J-REIT）の銘柄は、当期利益のほぼ全額を配当として支払っています。これは、J-REITが当期利益の90％以上を配当することで法人税が非課税となる制度があるためです。

そのため、J-REITの配当利回りと益利回りはほぼ同じ値となっているのです。

株主還元の増加が経営者の生き残る道?!

「J-REITとトヨタのような上場企業とは違うのでは」との意見もあるでしょう。

しかし私は日本企業の配当は少しずつ当期利益に近づいていくと考えています。それは株主総会での投票が盛んになっているからです。

従来、株主総会での厳しい投票の中心は、外資系運用会社やアクティビスト（モノ言う株主）でしたが、今後は大きな変化が予想されます。

たとえば、トヨタの豊田会長は2024年6月の株主総会で、ダイハツの不正問題の影響もあり、これまでの90％台から70％台へと賛成率が急落しました。取締役は株主総会での賛成率が50％を下回ると解任されるため、経営陣には株主からの賛成票を集める強いインセンティブが働きます。賛成票を増やしたい社長は、株主還元を増やします。配当金を増やすのも選択肢のひとつでしょう。

また、昨今において注目すべきは、日系運用会社が株主総会の投票基準を厳格化する動きです。その基準は外資系運用会社やアクティビストよりも厳しいものとなっています。

仮に株主を軽視し、配当支払いを渋る昭和な経営者が、株主に対し冷淡な対応をとったとしましょう。外資系運用会社ならそんな企業の株は保有しません。さっさと売却します。ところが日系運用会社は違います。彼らは「インデックス運用」を中心としているからです。

インデックス運用とは、ＴＯＰＩＸや日経平均などの株価指数に連動する運用手法であり、新ＮＩＳＡで人気のＳＰ５００やオルカンといった投資信託もこの方式です。

インデックス運用の特徴は、指数を構成する銘柄をすべて保有する必要があるため、株を売却する選択肢がないことです。ですから、昭和な経営者から冷たい対応をとられても、株を売却しません。このことから、インデックス運用が中心の日系運用会社は「粘着性の高い投資家」ということができます。

この「粘着質な投資家」が株主総会で厳しい投票を始めれば、株主軽視の経営者は大きなプレッシャーにさらされることになります。**株主還元の増加が経営者の生き残りに直結する時代**が来るのです。

このような流れの中で、配当利回りは益利回りに向かって上昇していくと考えられます。**現状では当期利益の約3割が配当として支払われる事例が多いですが、今後は平均で50%を超えていく可能性があります。**全上場企業が当期利益の100%を配当として支払うことは考えにくいものの、高水準の配当支払いを行う企業は確実に増加するでしょう。

このような状況下で、益利回りは「会社が当期利益を全額配当した際の配当利回り」として、その重要性が一層高まっていくことが予想されます。

益利回りと10年債利回りから「割高株」を見出す

益利回りの重要な利点の1つは、金利と直接比較できることです。これから数十年にわたってインフレが続くと予想される中、この比較の重要性は増していくでしょう。

現在、日本の10年国債利回りは1・4％程度です。消費者物価指数は前年比で2％程度上昇しており、数年後には10年国債の利回りも2％程度まで上昇する可能性があります。この状況下で、たとえばPERが100倍の銘柄を考えてみましょう。益利回りは「1÷PER×100」なので、この場合1％となります。

仮に投資対象として、利回り2％の10年債とPER100倍（益利回り1％）の株式のどちらかを選ぶとすれば、10年債を選択すべきでしょう。なぜなら、PER100倍の銘柄は当期利益の全額を配当として支払ったとしても、配当利回りは1％にしかならないからです。

これは机上の空論ではありません。現在の日本株式市場には、PERが100倍を超え、益利回りが1％を下回る銘柄が容易に見つかります。つまり、現在の10年債利回り1・4％という低金利環境でさえ、「10年債のほうが有利」な銘柄が存在しているのです。

長期的なインフレを前提とすれば、政策金利の引き上げにより10年債利回りが3％、あるいは4％まで上昇する可能性もあります。その場合、次のようになります。

- 10年債利回り3％なら、PER30倍（益利回り3・3％）の銘柄がギリギリ許容範囲
- 10年債利回り4％なら、PER25倍（益利回り4％）の銘柄がボーダーライン

歴史を振り返ってみましょう。1990年のバブル崩壊までの日本はインフレ期でした。1989年の日本の10年債利回りは4％を超えていました。現在の日本は潜在成長率が低下しているとはいえ、インフレ下での国債利回り4％となる可能性はゼロとは言いきれません。日本の金利もインフレに伴って上昇する可能性が高く、その観点からも、株式投資における益利回りの重要性は増していくと考えられます。

益利回りでバブル判定

現在の日経平均のPERは15倍前後、つまり益利回りは6・6%です。これを10年債利回り1・4%と比較すると、株式は十分に割安といえます。このことからも、現在の日経平均はバブルとは程遠く、むしろ「極めて割安な状態から、適度な割安水準になった程度」と評価できます。

1990年のバブル期と比較してみると、当時の日経平均のPERは70倍超で、益利回りは1・4%。一方で10年債利回りは4%でした。単純な比較でも、10年債を保有するほうが圧倒的に有利であり、バブル崩壊は必然的な結果だったといえます。

アメリカ株式市場も、益利回りの観点から株価の変動を理解しやすくなります。現在のアメリカ市場は、プラットフォーマーや生成AI関連の成長株が牽引役となっています。アメリカの10年債利回りは3・8%から5%の間で推移していますが、インフレ懸念で5%に近づくと、成長株は下落傾向を示します。

これは単純な理由によります。成長株の多くはＰＥＲが25倍以上で、ＰＥＲ25倍の場合の益利回りは４％です。10年債利回りが５％に接近すると、成長株保有よりも10年債保有のほうが有利となり、資金シフトが発生します。逆に10年債利回りが４％近くまで低下すると、ＰＥＲ25倍以下の成長株への投資が正当化され、株価は上昇します。

Ｓ＆Ｐ５００のＰＥＲは現在22倍前後で、益利回りは４・５％程度です。４〜５％で推移する10年債利回りと比較すると微妙な水準にあります。

今後については、インフレ懸念の再燃による10年債利回りの５％への接近がリスク要因となる一方、利下げやトランプ政権による景気刺激策で企業業績が拡大すれば、ＰＥＲの低下（益利回りの上昇）につながる可能性があります。

図21で示したとおり、１株当たり利益が３００円から５００円になると、株価が一定ならば、ＰＥＲは5倍に低下します。一方、１株当たり利益が増えると、益利回りは上昇します。

10年債よりも益利回りが高くなれば、株式保有が得になるので、債券から株に資金

図21 1株当たり利益とPERと益利回りの関係

PER	株価		一株当たりの利益
8.75倍	2626円	÷	300円
5倍	2626円	÷	500円

※著者作成

がシフトし、株価が上昇する可能性が高まります。

このように、**益利回りは未来を予想する手段として使うことができる**のです。

PERは一般に浸透した指標です。一方で金利との比較ができません。世界はこれから何十年もインフレです。10年債の利回りも上昇するでしょう。そんなインフレ環境下だからこそ益利回りは金利との比較ができるので、大変に有効な指標です。ぜひ利用してみてください。

本項のポイント

- 益利回りは会社が当期利益の全額を配当に回したときの配当利回り
- 益利回りの裏技　1÷PER×100で求める
- 10年債利回りと比較して、割高、割安を判定する

5

ＰＢＲ（株価純資産倍率）サザエさん一家は割安？　割高？

サザエさん一家はセレブファミリーだった！

　ＰＢＲ（株価純資産倍率）を説明する際、私はサザエさん一家の事例を用いています。マンガやアニメのエピソードから、一家が保有する資産を詳細に洗い出し、そこから純資産（資産から負債を差し引いた額）を計算してみましょう。

　まず不動産価値から見ていきます。サザエさんは世田谷区桜新町に66坪の平屋を所有しています。坪単価を２５０万円と見積もると、不動産価値は１億６５００万円となります。

次に金融資産ですが、これは家計収入から推計する必要があります。アニメによると、波平さんの月給は74万円、マスオさんは48万円で、合計月収122万円、年収換算で1464万円です。世田谷区の世帯平均年収が650万円程度であることを考えると、かなりの高所得世帯といえます。この年収水準から推計すると、預貯金などの金融資産は3000万円程度と見積もれます。

その他の資産としては、波平さんの骨董品コレクション（100万円）、ワカメちゃんのピアノ（30万円）、カツオ君の天体望遠鏡（5万円）などがあります。

これらを合計すると、総資産は1億9635万円となります。「お魚くわえた野良猫を追いかけてはだしでかけていく陽気なサザエさん」は庶民的なイメージがありますが、**実態は1・6億円の家に住み、世帯年収1450万円、金融資産3000万円を有するセレブ家庭だったのです。**

サザエさん一家には住宅ローンなどの借入金がないため、純資産は資産総額と同じ1億9635万円となります。仮に1億円の住宅ローン残高があった場合、純資産は9635万円となりますが、実際には無借金のようです。

図22 サザエさん一家の純資産は？

桜新町の家と土地	土地66坪	坪250万円	1億6500万円
預貯金などの金融資産			3000万円
波平さんの骨董品コレクション			100万円
カツオ君の天体望遠鏡			5万円
ワカメちゃんのピアノ			30万円
借金			ゼロ
合計			1億9635万円

ウェブ上の情報をもとに著者作成

サザエさん一家のPBRを計算してみる

サザエさん一家の例でPBR（株価純資産倍率）の計算を見てみましょう。

仮にサザエさん株が存在し、1株3億円だとすると、**PBRは株価÷1株当たりの純資産**なので、3億円÷1億9635万円で1・5倍となります。同様に、株価が2億円ならPBRは1倍、1億円なら0・5倍です。サザエさん一家は不動産や金融資産が豊富なため、通常であれば株価が純資産価値を下回ることは考えにくいでしょう。

しかし、現実の日本の株式市場では、株価が純資産価値を下回る企業が数多く存在します。日本製紙、かんぽ生命、コニカミノルタ、野村ホールディングス（野村證券）、中部電力、パナソニック、ホンダなど、著名企業でもＰＢＲが1倍を下回っているケースが少なくありません（２０２５年3月現在）。また、多くの地方銀行もＰＢＲが1倍を割り込んでいます。

かつては日本市場全体の半数の企業がＰＢＲ1倍以下でした。現在でも東証上場銘柄の約４割がＰＢＲ1倍を下回る状態が続いています。

日本を代表する証券会社である野村ホールディングスのＰＢＲは1倍を下回っています。証券界を率先する立場でありながら皮肉な状況です。興味深い事例ですので、野村ホールディングスのＰＢＲを見てみましょう。

「野村ホールディングス　ＰＢＲ」でググってみると、ＰＢＲが０・８０倍と表示されました（図23）。

楽天証券で調べてみましょう。「指標」欄を見ると図24のように表示されます。

やはりＰＢＲが大きく1倍を下回っていることが分かります。

図23 「野村ホールディングス　PBR」でググってみると……

8604 野村ホールディングス

PER	PBR	信用倍率
－倍	0.80倍	16.51倍
	時価総額	3兆538億円

著者による検索結果。2025年3月10日時点

図24 野村ホールディングスの「指標」欄

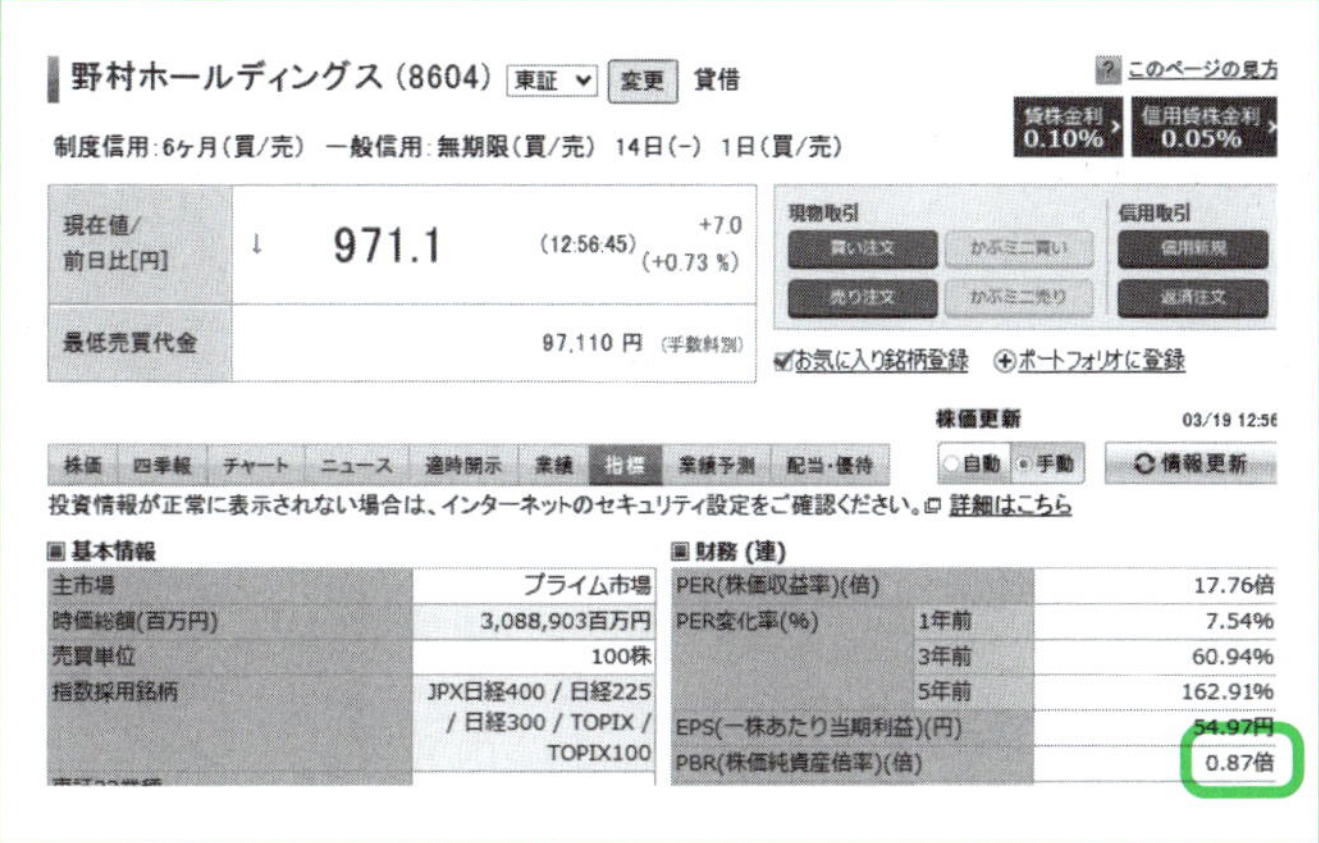

（出所）LSEG

楽天証券ウェブサイトより。2025年3月19日時点

PBRの理解をさらに深めていただくために、「解散価値」という概念を説明します。純資産価値は「会社の解散価値」とも呼ばれています。そして株主総会で株主の3分の2以上の賛成があれば会社を解散できます。解散時には、株主に総資産から負債を差し引いた純資産額が返還されます。

たとえば、1株当たり純資産価値が2000円の会社の株価が2500円（PBR1・25倍）の場合、解散すると株主には2000円しか返還されず、500円の損失となります。逆に株価1500円（PBR0・75倍）で購入した場合、解散時には2000円が返還され、500円の利益が出ます。株価1000円（PBR0・5倍）なら1000円の利益となります。

野村ホールディングスの具体例で見てみると、1株当たりの純資産は1168円、株価は978円。最低取引単位100株で計算すると、9・78万円の投資で、解散時には11・68万円が返還され、1・9万円の差益が生じることになります。これは「残余財産分配請求権」という株主の権利の1つとして法的に保証されています。

図25　株主の３つの権利

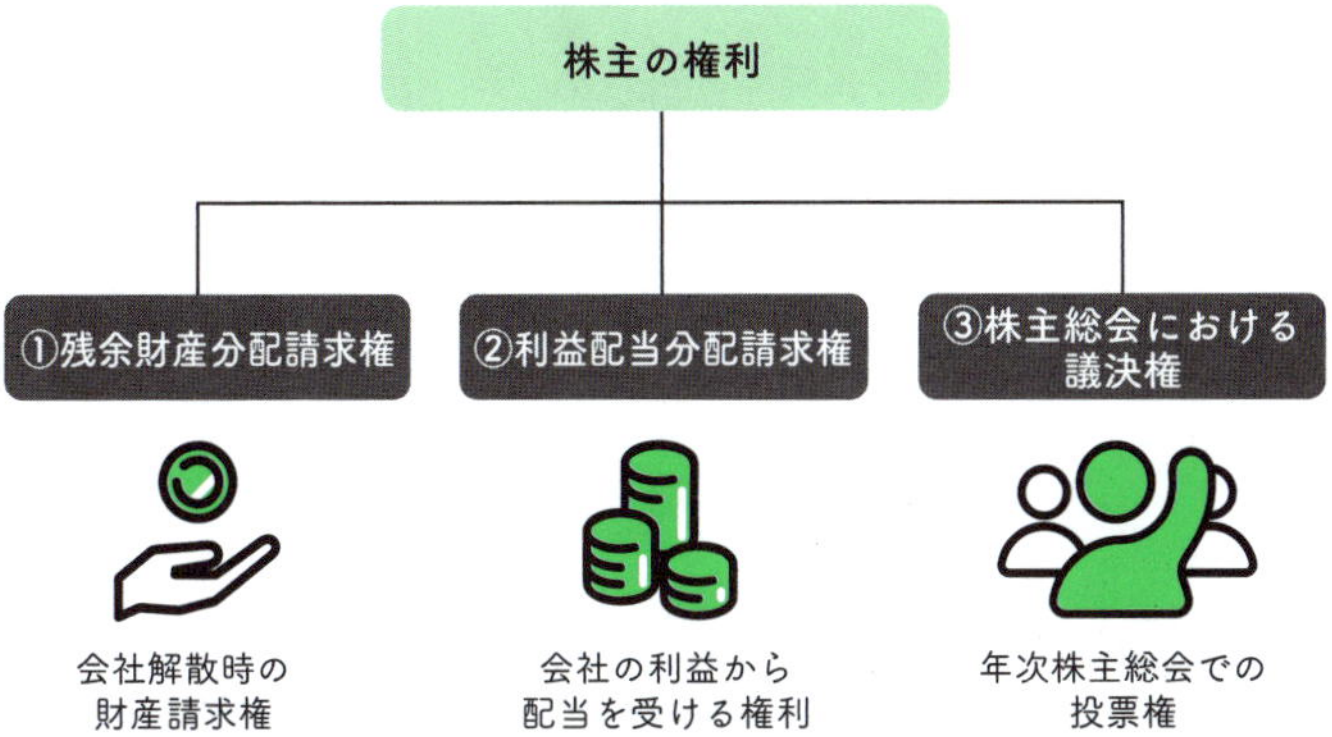

ここで株主の三大権利について整理しておきましょう。図25をご覧ください。

①残余財産分配請求権……会社解散時の財産請求権

②利益配当分配請求権……会社の利益から配当を受ける権利

③株主総会における議決権……年次株主総会での投票権

特に③は重要で、「利益剰余金処分案」（配当金額の決定）や「役員選任議案」（経営陣の信任）について投票できます。株主は配当金が少なければ反対票を投じ、増配を求めることができます。その最大額は、一般的には1株当たり当期利益となります。

このように、配当利回りや益利回り、株価純資産倍率は単なる指標ではなく、株主の3つの権利に裏づけられた会社評価方法なのです。

PBRの考察に戻りましょう。会社が実際に解散し、純資産価値で資金が返還されるというのは理論上の話ではありますが、**PBRが1倍を下回っているということは、その企業の株価が解散価値すら下回っているという、極めて割安な状態**を示しています。

日本以外の先進国市場では、PBRが1倍を下回る企業はかなり稀です。もちろん、大規模な赤字を計上するなど、極端な業績不振に陥った企業の場合は1倍を割り込むことがあります。たとえば、最近では半導体大手のインテルがPBR1倍を下回る局面がありました。しかし、そのような企業は株式市場全体の1割程度にとどまります。

それに対して、なぜ日本の株式市場ではPBR1倍割れの企業が多数存在しているのでしょうか？　この疑問は、日本の株式市場の特殊性を考えるうえで重要なポイントとなります。

日本にはなぜ、PBR1倍割れ企業が多いのか？

日本の上場企業の多くは、大規模な赤字でも極度の業績不振でもなく、そこそこの黒字を計上しています。それにもかかわらず、なぜ解散価値を下回る株価なのでしょうか？

その秘密はROEです。「オレのカネでどれだけ稼いでくれるのか」指標です。PBRが1倍を割り込んでいる会社のほぼすべてが低ROE、つまり「オレのカネ」でわずかしか稼いでくれない会社なのです。具体的には、**PBR1倍割れの企業のほとんどがROE8%以下**となっています。

8%という数字は重要な意味を持ちます。株主が会社とその経営者に期待する長期的なリターンの最低ラインが8%とされており、これを「株主資本コスト」と呼びます。つまり、PBRが1倍以下の企業は、ROEが株主資本コストを下回っており、株主の期待値以下の利益しか生み出せていないのです。

こうした企業の株価が長期的に評価されず、PBRが1倍を割り込んだまま放置されるのは自然な流れです。投資家にとって「期待以下の利益しか生み出さない会社に資金を投じる理由がない」ため、買いが集まらず、結果として低ＲＯＥ＝ＰＢＲ１倍割れの企業群が形成されているというわけです。

いま、日本株が有望と考える３つの理由

こうした状況を踏まえると、次のような疑問が生じてきます。

「ダメ会社が多い日本株からは撤退して、高ＲＯＥの米国株にシフトすべきなのか？」

15年前にその質問を受けたなら、間違えなく「イエス」と答えたでしょう。しかし今なら私は「ノー」と答えます。

これからの日本株は米国株よりも有望だと私は考えています。実際、私は新ＮＩＳＡで日本株投信のウエートを多く積み立てています。今、日本株が米国株よりも有望であると考える理由は、以下の３つの大きな変化にあります。

①東京証券取引所（東証）の要請

2023年3月、東証は上場企業に対して「資本コストと株価を意識した経営の実現」を要請しました。これは、PBR1倍割れ企業が多すぎる現状への危機意識から生まれた施策です。上場企業の多くが株主資本コスト8％を意識していない経営を行っているという問題に対し、東証は実質的に「株主資本コストを意識し、PBR1倍割れを改善せよ」という指示を出しました。

さらに東証は、対応策を開示した企業名を毎月公表しています。真面目な日本企業は、この要請に迅速に対応し、未対応は恥という意識から、発表予定を含めると7割以上の企業が対策を開示しました。その内容には株主還元の強化や事業ポートフォリオの見直しなど、企業の意思で実行可能な施策が含まれています。

②株主総会での議決権行使の強化

2014年のスチュワードシップコード導入以降、株主総会での投票（議決権行使）が大きく変化しました。それまでの「すべて賛成」という雑な投票から、ISS（米国の議決権行使助言会社）が2015年からROE基準を導入し、5年平均ROEが5

%を下回る企業の経営陣への反対投票を推奨するようになりました。

2024年には、さらに画期的な変化が起きています。日系運用会社が厳しい議決権行使基準を導入し始めました。三菱UFJアセットは3期連続でROEが8%以下、PBR1倍以下の経営陣に反対票を投じ、ニッセイアセットはPBR1倍割れで株価を意識しない経営への反対を表明しています。

③同意なき買収（敵対的買収）の容認

「粉飾決算」を「不適切会計」に、「人員整理」を「事業構造の見直し」などと呼び換えるように、日本では印象をマイルドにするための名称変更がよく行われます。「敵対的買収」も「同意なき買収」と言い換えられ、同時に、経済産業省は実質的にこれを容認する方針を示しました。

2023年8月発表の「企業買収における行動指針」により、株主利益を向上させる買収であれば、経営陣は合理的な理由なく拒否できなくなりました。これにより、低株価を放置する経営者は敵対的買収のリスクにさらされることになったのです。

具体的な事例も増えています。セブン&アイに対するクシュタール、牧野フライスに対するニデック、芝浦電子に対するヤゲオなど、「同意なき買収」の事例が頻発しているのです。

整理しましょう。

東証の要請によって、上場企業の多くがPBR1倍割れの改善を迫られている。その状態を放置すると、株主総会で大量の反対投票を受け、最悪の場合、社長解任につながる。さらに改善が見られない場合、敵対的な買収者が現れる――今の東京市場の上場企業は、そんな状況に置かれているのです。

このような状況下で、低PBR企業に残された選択肢はたったひとつ、上場をやめることです。自ら上場を廃止するのです。東証の要請に従いたくない、経営陣の地位を失いたくない、敵対的買収も回避したい、そう考える企業は自主的に上場を取りやめることになるでしょう。この場合、通常はMBO（経営陣による自社株買収）という手法が用いられ、市場価格を上回る価格での株式買い取りが行われます。結果として、株主にとってプラスの展開となります。

こうした流れを踏まえると、日本の市場からPBR1倍割れ企業が姿を消すまでの間、これらの企業に注目して投資を行うことは有効であると考えられます。

本項のポイント

- PBRはサザエさんちで考える
- PBR1倍割れは会社の解散価値を下回る
- 株主の3つの権利
  ①残余財産分配請求権＝株価純資産倍率　PBR
  ②剰余金分配請求権＝配当利回り
  ③株主総会における議決権＝益利回り　株価収益率　PER
- PBR1倍割れ企業のほとんどはROE8%以下
- 日本の上場企業は低PBRからの改善を求められている

6 バリュエーションの注意点

本章では「ROE」「配当利回り」「益利回り」「PBR」という4つのバリュエーションについて説明してきました。本項では、この4つの基本指標に基づいて投資を行う際の補足と注意点について述べます。

前を向いて投資をする

これら4つの指標を使用するうえで最も重要なのは、未来を見据えた視点です。過去の数字に基づいた指標には、それほど大きな意味はありません。前期決算の数字ですら、既に過去の出来事となります。

たとえば、三菱ＵＦＪフィナンシャル・グループ（ＭＵＦＧ）株への投資を考えてみましょう。この原稿を執筆している２０２４年夏の時点で、２０２４年３月期決算に基づいた株価バリュエーションを見ても、あまり意味がありません。業績の良し悪しに関わらず、それは既に過去のことだからです。

具体例として、ＭＵＦＧは２０２４年３月末の株主に対して１株当たり41円の配当金を支払いましたが、これは既に６月末に支払済みです。既に支払われた配当金をベースに計算する配当利回りに意味はないでしょう。

一方で、ＭＵＦＧは今期（２０２５年３月期）の株主に対する配当金を50円と発表しています。配当利回りを考える際は、この今期の１株当たり配当金に対して、どの程度の株価で購入し、どの程度の配当利回りが得られるかが重要になります。

この考え方は、ＲＯＥ、益利回り、ＰＢＲについても同様です。**投資判断は、少なくとも今期の予想に基づいた指標で行うべき**でしょう。

これを前提に、ＲＯＥと配当利回りの注意点について詳しく見ていきましょう。

ROEが高い＝株価が上がるわけではない

ROEは企業の効率性や経営陣の能力を測る優れた指標です。株主のお金でどれだけ1年間で稼げるかを明確に示してくれるからです。しかし、ROEが高いからといって必ずしも株価が上がるわけではありません。以下の点に注意が必要です。

まず、ROEは将来の株価とは必ずしも連動しません。**いくらROEが高くても、その高さが既に株価に織り込まれていれば、投資収益は期待できない可能性があります。**

たとえば、2024年夏時点でのアップル株を見てみましょう。ROEは前期ベースで156％、今期予想で164％と驚異的な数字を示しています。通常、優良企業でもROEは50％程度なのに、アップルはその3倍近い水準です。

しかし、アメリカの著名投資家ウォーレン・バフェットが率いるバークシャー・ハサウェイは、アップル株を売却し続けていると報じられています。これは、ROEの計算式（1株当たり当期利益÷1株当たり株主資本×100）に株価が含まれていないことが重要です。バフェットはアップルの株価が割高と判断していると考えられます。

実際、アップルの今期予想PERは33倍で、益利回りに換算すると3・3％にすぎません。これをアメリカの10年債利回り4％程度と比較すると、仮にアップルが当期利益の全額を配当として支払ったとしても、10年債への投資のほうが有利という判断になります。

2つ目の注意点は、**ROEを1年分だけで判断すべきではない**ということです。

ROEの計算に使われる当期利益には、不動産や保有株式の売却益などの一時的要因が含まれることがあります。また、前期が赤字で例外的に法人税率が低く、一時的に当期利益が押し上げられているケースもあります。このため、過去のROEと比較して極端に高い数字が出ている場合は、特殊要因を除いて判断する必要があります。

過去5年平均と今期予想を比較するなど、より長期的な視点での分析が望ましいでしょう。

低ROEは宝の山

ROEが低いからといって投資価値がないわけではありません。むしろ、低ROE企業は投資機会の宝庫といえるでしょう。

PBRの章で説明したように、多くの低ROE企業は低PBRでも取引されています。ROEが8%を下回る企業のほとんどは、PBRも1倍を割り込んでいます。ここに投資機会があります。**ROEが8%以下の企業が、ROE8%以上を目指して具体的な行動を起こし始めたとき、株価上昇のチャンスが生まれる**のです。

たとえば、ROE4%の企業がPBR0・5倍で取引されているとしましょう。この企業がROE10%を目指す実現性の高い計画を発表すれば、株価はPBR1倍以上を目指して上昇する可能性が高まります。PBRが0・5倍から1倍になれば、株価は2倍になります。現在の日本の株式市場には、このような投資機会が数多く埋もれているのです。

配当利回りの注意点①――業種によって基準は異なる

将来の配当を見据えて投資を行うのは大前提ですが、そのうえで私は、以下の3つの点に特に注意を払っています。

まず、業種によって求める配当利回りに差をつけることが重要です。現在の市況では、配当利回り4％を最低限の基準としていますが、業績の変動性によって要求する利回りは変わってきます。

たとえば、**景気や市況の影響を大きく受けるセクター（鉄鋼、海運、石油化学、石油精製、非鉄、資源、銀行など）には、5％以上の配当利回りを求めます。**エネオスのような石油精製企業の場合、原油価格で業績が大きく変動するため、配当利回りが4％台であれば、原油価格の上昇見通しがある場合にのみ投資を検討します。

日本郵船などの海運セクターは高配当利回りの銘柄が多いものの、中東などの地政学的リスクが落ち着くと海運市況が下落し、業績悪化や配当引き下げリスクが高まります。このようなセクターでは6％近い配当利回りを求め、4％程度では投資対象とはしません。

一方、銀行セクターは異なる様相を見せています。現在の日本はデフレを脱してインフレ期に入っており、金利上昇局面では銀行は顧客により高い金利を要求できます。このような環境下では、**銀行セクターは4％台前半の配当利回りでも投資対象**となり得ます。

また、景気や市況の影響を受けにくい産業（通信、医薬品、電力ガス、住宅系REIT）は、業績が安定しており配当金の変動も小さいと考えられます。不況時でもスマートフォンの解約は少なく、医薬品需要も大きく変動せず、電力使用も継続され、賃貸住宅の家賃支払いも優先されます。このような**安定産業では、減配リスクが低く増配期待もあるため、配当利回り4％台でも十分な投資対象**となります。

配当利回りの注意点②――高すぎる配当利回りには要注意

高すぎる配当利回りの銘柄には注意が必要です。数多くの投資家が参加する株式市場では、魅力的な投資対象があれば、すぐに投資家が群がるものです。

たとえば、株価1000円で年間配当金100円（配当利回り10％）の会社があったとしましょう。1000万円の投資で年間10万円の配当金が得られる魅力的な投資対象であれば、株価が1000円にとどまるとは考えにくく、すぐに2000円以上（配当利回り5％）まで上昇するでしょう。さらに2500円（配当利回り4％）程度まで上がる可能性もあり、その水準で落ち着くと考えられます。

このような市場の性質を考えると、配当利回りが極端に高い銘柄には、何らかの理由があると考えるべきです。多くの場合、それは**減配の可能性**を示唆しています。雑誌やネットでよく目にする高配当利回りランキングで、配当利回りが8％を超えるような銘柄は「怪しい」と考えて投資を避けています。そのような好条件の銘柄があれば、市場が見逃すはずがないからです。

また、保有銘柄の株価が下落し続け、配当利回りが5％を超えるような状況になった場合は、減配の可能性を疑う必要があります。会社を取り巻く環境、アナリストレポート、過去の業績などを徹底的に調査し、減配リスクを慎重に見極めることが重要です。
結論として、高すぎる配当利回りの銘柄は避けましょう。また、**保有銘柄の配当利回りが異常に高くなった場合は警戒し、状況によっては保有比率を下げる**ことも検討すべきでしょう。

配当利回りの注意点③——小型株は避ける

配当利回り投資における3つめの重要な注意点は、小型株を避けることです。特に時価総額1000億円以下の企業には警戒が必要です。配当利回りを重視した投資を行う場合は、アナリストレポートが発行されている大型株の中から、高配当利回り銘柄を選ぶべきでしょう。

多くの小型株はアナリストのカバレッジがなく、アナリストレポートも発行されません。そのような企業に投資すると、業績の変化や会社の配当方針の変更などを見落としたまま保有を続けることになり、大きなリスクを抱えることになります。突然の

図26 「トヨタ　時価総額」でググってみると……

出所：著者による検索結果。2025年3月10日時点

減配発表に驚かされる可能性もあります。

一方、複数の証券会社のアナリストがカバーしている銘柄であれば、より安心して投資することができます。四半期決算ごとに複数のアナリストが詳細なレポートを発行し、十分な情報アップデートが行われるためです。

企業の時価総額は簡単に調べることができます。「会社名　時価総額」とグーグルで検索するだけで、各企業の時価総額を確認できます。

たとえば「トヨタ　時価総額」で検索すると、図26のように表示がなされます。

本項のポイント

- 見るべきは過去の業績よりも未来の予想
- ROEが高いから株価が上がるわけではない
- 低ROEは宝の山
- 業種によって配当利回りの基準は異なる
- 高すぎる配当利回りには注意
- 配当利回りで買うなら小型株は避ける

第3章

銘柄選びの基本

私は何を見ているか

1 上がる銘柄を見つけるコツその1 ニュースの見方

私は海外のニュースを重点的に見て、そこから銘柄につながるものを探していきます。主に読んでいるのはブルームバーグとロイターの日本語版です。どちらもネットで無料の記事を読んでいます。有料ですが、ウォールストリートジャーナルの日本語版も読んでいます。

なぜそうしているのかを説明する前に、次のクイズを考えてみてください。

Q 日本株を誰が保有しているか考えてください。横軸は年度、縦軸はそれぞれの投資部門の保有比率になります。以下の投資部門がどの線に当てはまるのか、考えてみてください。

（ヒント：右肩上がりの折れ線Eから考えると解きやすいでしょう）

図 27 ｜ 日本株は誰が保有しているのか？

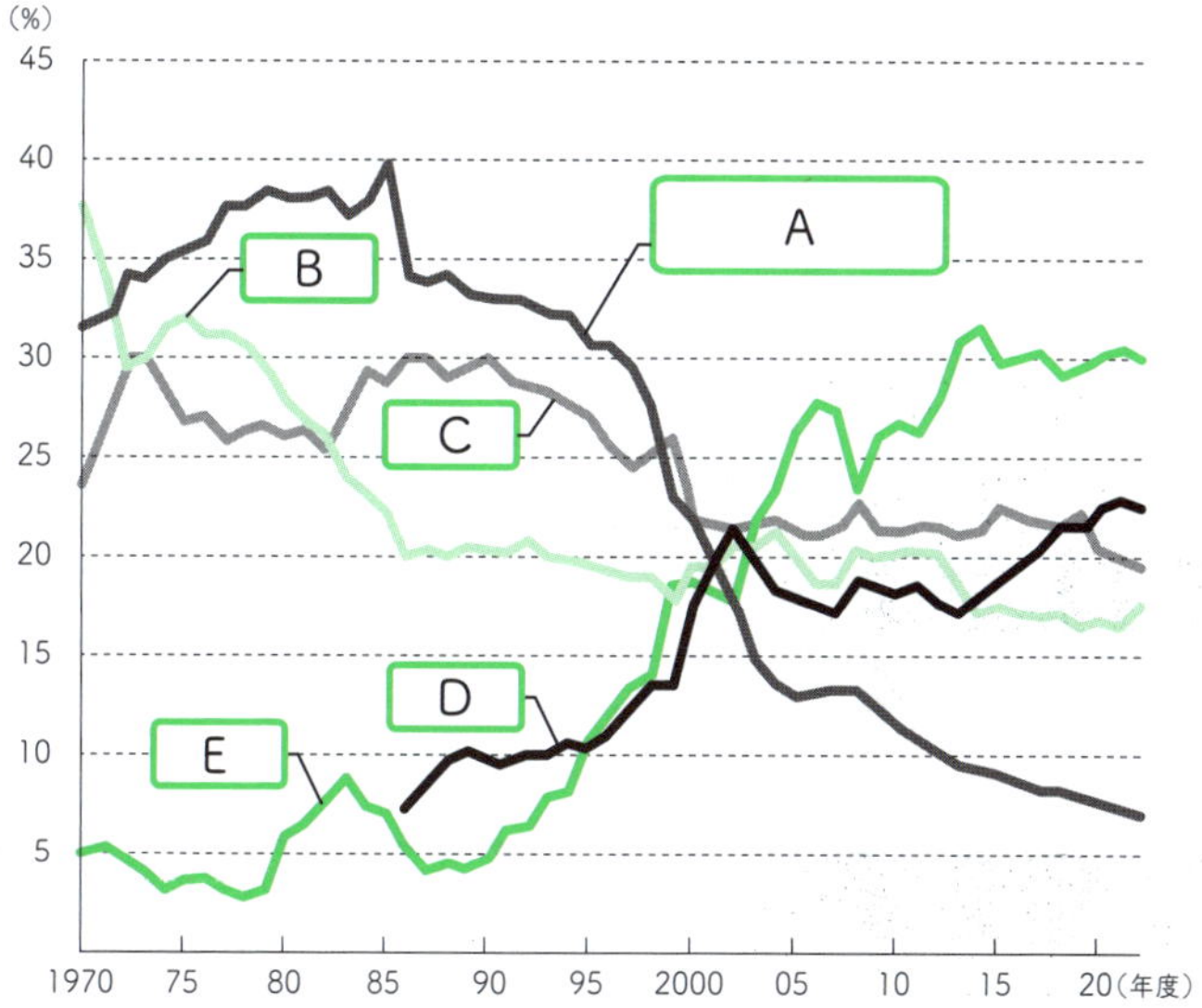

空欄にあてはまる投資部門はどこか、考えてみてください。

①外国人投資家
②信託銀行(投資信託を含む)
③上場企業などの事業会社
④個人投資家
⑤銀行、生損保

出所：https://www.jpx.co.jp/markets/statistics-equities/examination/mklp77000000aiyf-att/j-bunpu2023.pdf

答えは以下になります。

A→⑤銀行、生損保
B→④個人投資家
C→③上場企業などの事業会社
D→②信託銀行（日銀が保有するETFなどの投資信託含む）
E→①外国人投資家

日本の株式市場において、外国人投資家の存在感は極めて大きくなっています。上場株式の約30%を外国人投資家が保有し、日々の売買代金では6割近くを占めているとされています。このため、**外国人投資家の動向を理解することが重要**であり、私はブルームバーグなど海外発のニュースを優先的にチェックしています。

今後、外国人投資家の日本株保有比率はさらに増加することが予想されます。その理由は、日本企業が資本効率改善のために持ち合い株式を積極的に売却しているからです。

ＪＰモルガン証券の調査によると、２０２４年３月末時点で59兆円の持ち合い株式が存在し、これは日本の株式市場時価総額（約１０００兆円）の６％に相当します。

従来、持ち合い解消は年間４兆円ペースでしたが、最近は加速傾向にあります。これは株主総会での反対投票の影響が大きく、特に２０２３年頃から、総資産の２割以上の持ち合い株保有を理由に、経営トップへの反対票を投じる機関投資家が増加しています。経営者は反対票を減らしたいという動機から、持ち合い株の売却を加速させており、年間12兆円規模の売却も予想されています。この売却分の受け皿として、外国人投資家の役割が期待されています。

このような環境下では、外国人投資家の視点での株式売買がより一般的になっていくでしょう。そのため、ブルームバーグやロイターなど、海外の出来事や海外からの日本の見方を報じるメディアが重要な情報源となります。

私が注目している海外ニュースは、主に次の３つのパターンです。

①日本につながる新鮮なニュース
②地政学的リスクなど資源価格や商品価格に影響しそうなニュース
③海外企業の決算への市場反応（上方修正でも下落、下方修正でも上昇するケースなど）

注目している海外ニュース①――日本につながる新鮮なニュース

これまでの常識とは異なる「おやっ？」と感じさせるニュースに注目しています。具体的な例を３つ挙げて説明しましょう。

フォードの電気自動車生産目標引き下げ（2023年8月）

電気自動車の販売不振は２０２２年から始まっていましたが、このフォードの目標引き下げは、その初期段階で表れた重要なシグナルでした。電気自動車シフトに積極的だったフォードがこのような判断を下したことで、電気自動車のサプライチェーンに属する日本企業（パナソニック、ニデック、ＧＳユアサなどの電池・素材メーカー）への警戒が必要だと感じました。ただし、最近ではテスラが2025年前半に450万円の低価格電気自動車を発売するとの報道があり、またトヨタが中国で200万円の電気自動車を発売し、大変好評だと報じられています。これらが市場をけん引する可能性に期待が持てます。

生成AIの電力需要に関するニュース

ChatGPTを開発したアルトマン氏による「将来のAIにはエネルギーのブレークスルーが必要」という発言は、その後の日本の電力セクターの株価上昇につながりました。生成AIは膨大な電力を消費し、日本でもデータセンター投資が活発化しています。これまでにない電力需要の拡大が見込まれる一方で、原子力発電所の再稼働による発電コスト削減も進んでおり、関西電力や九州電力など、原発再稼働を進める電力会社の株価上昇要因となりました。

クアルコムの新PC半導体発表

PCのCPU市場で「インテル入ってる」が常識だった状況が、「クアルコム入ってる」に変わる可能性が出てきました。このクアルコム製半導体の設計はイギリスのＡＲＭによるもので、ＡＲＭの親会社であるソフトバンクグループの株価上昇につながりました。

注目している海外ニュース②——地政学的リスクなど資源価格や商品価格に影響しそうなニュース

地政学的リスクや資源価格に関するニュースは日本のメディアであまり取り上げられないものの、日本の株式市場に大きな影響を与えることがあります。こうした情報はブルームバーグやロイターが重要な情報源となります。

たとえば、中東での地政学的リスクの高まりは、原油価格やコンテナ船の運賃に影響を与えます。原油価格の上昇はＩＮＰＥＸやエネオスなどの石油関連企業の株価に影響を及ぼし、コンテナ船運賃の上昇は日本郵船などの海運株の上昇要因となります。また、日本の商社は鉄鉱石、石炭、石油などの資源価格によって業績が左右されるため、資源価格に関連するニュースは特に重要です。過去には、オーストラリアのサイクロンにより石炭鉱山の操業が停止し、その鉱山を保有する出光の業績に影響が出たこともありました。

このような影響は個別企業にとどまりません。石油価格の上昇は日本の貿易赤字を拡大させ、円安要因となります。また、物価上昇につながれば日銀の金融政策にも影響を与える可能性があります。

さらに、私は週末に中東で事件が発生した場合、サウジアラビアとイスラエルの株式市場の指数も確認するようにしています。両市場は日曜日から木曜日が取引日のため、土日に中東で紛争や事件が起きた際、日曜日の市場反応をいち早く確認できます。東京市場は主要国の中で最も早く開場するため、週末の事件に対するロンドン市場やNY市場の反応を見ることができません。そのため、サウジアラビアとイスラエルの市場動向を観察し、事態の深刻度を判断する材料としています。

注目している海外ニュース③――海外企業の決算への反応

海外企業の決算発表は、日本企業より1〜2週間ほど早く行われることが一般的です。また、決算期も多様です。日本企業の多くが3月末決算なのに対し、エヌビディアは1月末、アプライドマテリアルズは10月末、マイクロンテクノロジーは8月末というように、様々な決算期を採用しています。

この時期のずれは、日本企業の決算発表時の株価反応を予測するうえで有用な情報となります。通常のパターン（好決算で株価上昇、悪決算で株価下落）は当然として、特に注目すべきは逆のパターンです。

（i）市場予想を上回る決算でも株価が下落するケース

（ii）市場予想を下回る決算でも株価が上昇するケース

前者は「好材料出尽くし」のパターンで、市場が「これ以上の良いニュースは期待できない」と判断している可能性を示唆します。後者は「悪材料出尽くし」で、「これ以上の悪材料は出ないだろう」との判断を示しています。

たとえば、エヌビディアが2月末の決算発表で前年比倍増のEPSを発表し、市場予想も大幅に上回ったにもかかわらず株価が下落した場合、これは好材料出尽くしのシグナルとなります。このような反応は、日本の半導体関連企業の株価にも影響を与え、その後の決算発表でも同様のパターンが見られる可能性があります。

このように、**アメリカ企業の決算発表への市場反応を観察することで、日本企業の株価動向や決算発表後の反応をある程度予測できます。**必ずしも100%的中するわけではありませんが、この視点を持つことで、株価の動きをより深く理解し、不適切なタイミングでの売買を減らすことができます。

特に、日本株の30%以上を保有し、日々の売買の6割以上を占める外国人投資家が、海外の同業他社の決算発表への反応を見ながら日本株の投資判断を行っているという事実は、重要な示唆を与えてくれます。

本項のポイント

- 日本株における外国人投資家の影響力は大きくなっている
- 海外のニュースをできるだけ読むようにする

2

上がる銘柄を見つけるコツその2 楽天証券の活用法

私は銘柄の情報を調べる際、楽天証券を積極的に活用しています。海外ニュースやアナリストレポートから気になる銘柄が見つかった場合、以下のプロセスで投資判断を行います。

会社四季報

あまりにも多くの投資家が会社四季報を利用していることから、私は会社四季報を投資業界の「レッドオーシャン」と考えています。使うべきでないと言うつもりはありませんが、私はあくまで補助的な利用に留めています。四季報を購入したり、詳細な分析を行ったりはしていませんが、楽天証券の画面に表示される四季報情報は活用しています。具体的には以下の3点に注目しています。

①解説記事

企業の現状や注目ポイントを確認します。たとえば東北電力の場合、「黒字定着で増配」「女川原発の再稼働は11月」という記載から、業績の安定性と原発再稼働による将来的なコスト削減効果が期待できることが分かります。

②株主構成

東北電力の例では、日本マスター信託口（13%）と日本カストディ信託口（6%）が上位株主です。これらは日銀ETFやGPIFのインデックスファンド経由の保有であり、安定株主といえます。また、外国人投資家の保有比率が20%という点も、今後の上昇余地を示唆しています。

対照的に、楽天グループの場合は創業者関連と資本提携先で33%超を保有しており、アクティビストが介入しにくい構造となっています。実際、携帯電話事業の巨額赤字でもアクティビストの介入は見られませんでした。

図28　トヨタ自動車の「業績予想」欄

トヨタ自動車（7203）　東証　変更　貸借　かぶミニ

制度信用：6ヶ月（買/売）　一般信用：無期限（買/売）　14日（-）　1日（買/売）

現在値/前日比[円]	↓ 2,910.5	(12:58:48)	+71.5 (+2.52 %)
最低売買代金	291,050 円（手数料別）		

現物取引　買い注文　売り注文

お気に入り銘柄登録

株価　四季報　チャート　ニュース　適時開示　業績　指標　業績予測　配当・優待

企業情報　業績・財務　資本異動

業績

【業績】	売上高	営業利益	税前利益	利益	1株益(円)	1株配(円)
◇22.3*	31,379,507	2,995,697	3,990,532	2,850,110	205.2	52
◇23.3	37,154,298	2,725,025	3,668,733	2,451,318	179.5	60
◇24.3	45,095,325	5,352,934	6,965,085	4,944,933	365.9	75
◇25.3予	47,000,000	4,700,000	6,180,000	4,520,000	345.5	90〜95

（出所）LSEG

楽天証券ウェブサイトより。2025年3月19日時点

③業績

一般的なチェックポイントとして、営業利益の推移を確認します。会社四季報独自の2期先までの業績予想も参考にし、増益傾向が続くかどうかを重視します。また、会社四季報の予想と会社計画を比較し、会社計画を上回る予想であれば好材料と判断します。ただし、より詳細な分析はアナリストレポートに依存しています。

図28はトヨタ自動車についての会社四季報の「業績予想」欄です。

図29　トヨタ自動車の「指標」欄

トヨタ自動車 (7203)　東証　変更　貸借　かぶミニ　　このページの見方

貸株金利 0.10%　信用貸株金利 0.05%

制度信用:6ヶ月(買/売)　一般信用:無期限(買/売)　14日(-)　1日(買/売)

現在値/前日比[円]	↑ 2,911.0	(12:59:38)	+72.0 (+2.54 %)
最低売買代金	291,100 円 (手数料別)		

現物取引：買い注文　かぶミニ買い　売り注文　かぶミニ売り
信用取引：信用新規　返済注文

お気に入り銘柄登録　ポートフォリオに登録

株価更新　03/19 12:59　自動　手動　情報更新

株価　四季報　チャート　ニュース　適時開示　業績　指標　業績予測　配当・優待

投資情報が正常に表示されない場合は、インターネットのセキュリティ設定をご確認ください。詳細はこちら

基本情報

主市場		プライム市場
時価総額(百万円)		46,058,191百万円
売買単位		100株
指数採用銘柄		JPX日経400 / 日経225 / 日経300 / TOPIX / TOPIX100
東証33業種		
コンセンサスレーティング		3.9 (やや強気)

コンセンサス情報

PER(株価収益率)(予)(倍)		9.01倍
PER変化率(予)(%)	1年前	-19.00%
EPS(予)(一株あたり当期利益)(円)		323.75円
PEG(予)(倍)		0.78倍
BPS(予)(一株あたり純資産)(円)		2,743.51円
配当利回り(予)(%)		3.10%
配当利回り変化率(予)(%)	1年前	23.54%
過去5年増収比率(予)(%)		19.07%
過去3年平均売上高成長率(予)(%)		12.81%
業績予想修正率(予)(%)		0.68%
経常利益変化率(予)(%)	5営業日前	1.35%
	20営業日前	7.50%
	3ヶ月前	3.62%
	6ヶ月前	-3.09%
	1年前	-6.24%
有利子負債/当期利益(予)(%)		8.31%

財務 (連)

PER(株価収益率)(倍)		7.97倍
PER変化率(%)	1年前	-23.93%
	3年前	-26.42%
	5年前	-10.83%
EPS(一株あたり当期利益)(円)		365.94円
PBR(株価純資産倍率)(倍)		1.15倍
PBR変化率(%)	1年前	27.58%
	3年前	-1.59%
	5年前	31.65%
配当利回り(%)		2.57%
配当利回り変化率(%)	1年前	30.04%
	3年前	9.93%
	5年前	-24.00%
ROE(自己資本利益率)(%)		15.80%
ROA(総資産当期利益率)(%)		--%
売上高(百万円)		45,095,325百万円
売上高変化率(%)	前年度比	21.37%
PSR(株価売上高倍率)(倍)		0.85倍
海外売上高比率(%)		53.39%
売上高営業利益率(%)		11.87%
売上高経常利益率(%)		15.45%
売上債権回転率(回)		3.65回
経常利益(税引き前利益)(百万円)		6,965,085百万円
経常利益変化率(%)	前年度比	89.85%
自己資本比率(%)		37.98%

(出所)LSEG

楽天証券ウェブサイトより。2025年3月19日時点

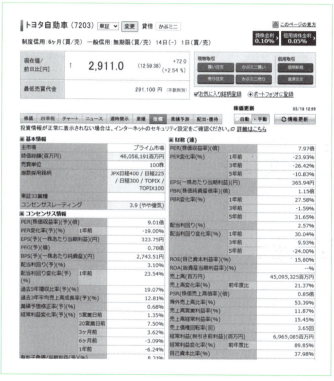

指標欄

指標欄では、第2章で説明した4つの指標（ROE、配当利回り、益利回り、PBR）をチェックします（図29）。ROEが資本コストの8％を上回りながらPBRが1倍割れの銘柄は割安と判断します。配当利回りは最低4％を基準とし、益利回りは1÷PER×100で計算します。東京市場の平均PERが16倍（益利回り6・25％）であることを踏まえ、益利回りは6％以上が望ましいと考えています。

適時開示欄

適時開示欄には、会社が発表した決算短信や中期経営計画の資料が掲載されています。**中期経営計画の資料**には会社の強みやこれから重点的に投資を行う分野などが記載されているため、掲載されていれば必ず確認します。

また、会社が発表する**自社株買いの進捗状況**も重要です。自社株買いを積極的に行っている企業の自社株買いの進捗は株の需給に大きく影響します。自社株買いのインパクトは、1日の出来高に対する比率で判断します。一般的に1日の出来高の5％以上であれば株価への影響が期待でき、この比率が高いほど望ましいとされています。

小売業やサービス業では、会社が毎月の売上を開示していることが多く、これも適時開示欄で確認できます。小売業の場合、既存店（開店から1年以上の店舗）の売上が前年比でプラスであることが特に重要です。新設店を含めた全店の売上は、新規出店効果で自然とプラスになりやすいためです。

チャート欄

チャート欄では主に2つの点に注目しています。

まず確認するのは、期間3ヵ月のチャートを見て「ボトムから3割以上上がっていないか？　そしてそのボトムのときに出来高が出ているか？」です。これは需給の観点から重要で、これは私の経験則ですが、多くの投資家は保有銘柄が3割上昇すると利益を確定し、売り出すことを検討し始めるためです。株価が3割も上がっていれば、私が注目した材料がすでに市場に織り込まれている可能性もあります。

次に確認するのは、長期チャートです。私は可能な限り10年間の月足チャートから見始め、そこから週足、日足と細かく見ていきます。長期チャートを見ることで、株価の上限値や下限値が見えてきます。現在の株価が長期チャートの下限に近ければダウンサイドは限定的、上限に近ければリスクが大きいと判断できます。なお、1分足や5分足などの超短期のチャートは、相場の気まぐれな動きを示すことが多く、長期投資を前提とする私には必要のない情報です。

本項のポイント

- 楽天証券の四季報欄で十分
- 指標欄でバリュエーションをチェック
- 適時開示欄で自社株買いの進捗状況と中期経営計画をチェック。自社株買いでは1日で5％以上の自社株買いを行うかチェック
- チャートでは3ヵ月で3割上がっていないかチェック

3

私の大暴落回避法その1 金利の変化に注目

歴史的な株価下落の多くは、高いPER（低い益利回り）と高い10年債利回りの組み合わせで発生しています。代表的な事例を見てみましょう。

1987年10月19日のブラックマンデーでは、S&P500指数が前日比20%超の急落を記録しました。当時の10年債利回りは10%を超え、PERは16倍（益利回り6・2%）、直前9月にはPERが20倍超（益利回り5%）でした。いずれも10年債を購入したほうが有利な状態で、リスクをとって株式を保有する意味が見出せない状況でした。

日本のバブル崩壊時を見ると、1989年末から1990年末にかけて10年債利回りは5%台から8%台半ばへと上昇しました。一方、PERは89年末の60倍（益利回り1・6%）から90年末の40倍（益利回り2・5%）と、極めて高い水準にありました。このときも株式よりも10年債購入のほうが有利な状況でバブルが崩壊しています。

２０００年前半のＩＴバブル崩壊時は、米国10年債利回りが８％台半ばで、Ｓ＆Ｐ５００のＰＥＲは30倍（益利回り３・３％）。リーマンショック時は10年債利回り４・５％に対し、ＰＥＲは25倍（益利回り４％）で、リーマン破綻後は60倍超（益利回り１・６％）まで上昇しました。

これらの事例が示すように、おカネの流れは水とは逆で、低いほうから高いほうへと向かいます。歴史的な株価下落では、常に株式から10年債へと資金が流れやすい環境が形成されていました。**低い益利回りの株から、高い利回り10年債への資金移動が株価下落を招くのです。**

２０２５年１月の水準を見ると、米国は10年債利回り４・７％に対し、Ｓ＆Ｐ５００のＰＥＲは23倍（益利回り４・３％）と微妙な水準です。一方、日本は10年債利回り１・４％に対し、日経平均ＰＥＲ16倍（益利回り６・３％）と、株式投資が明らかに有利な状況です。ただし、日本株の３割を保有する外国人投資家の動向を考えると、米国市場の下落は日本市場にも影響を及ぼす可能性があります。

図30 株式市場の四季

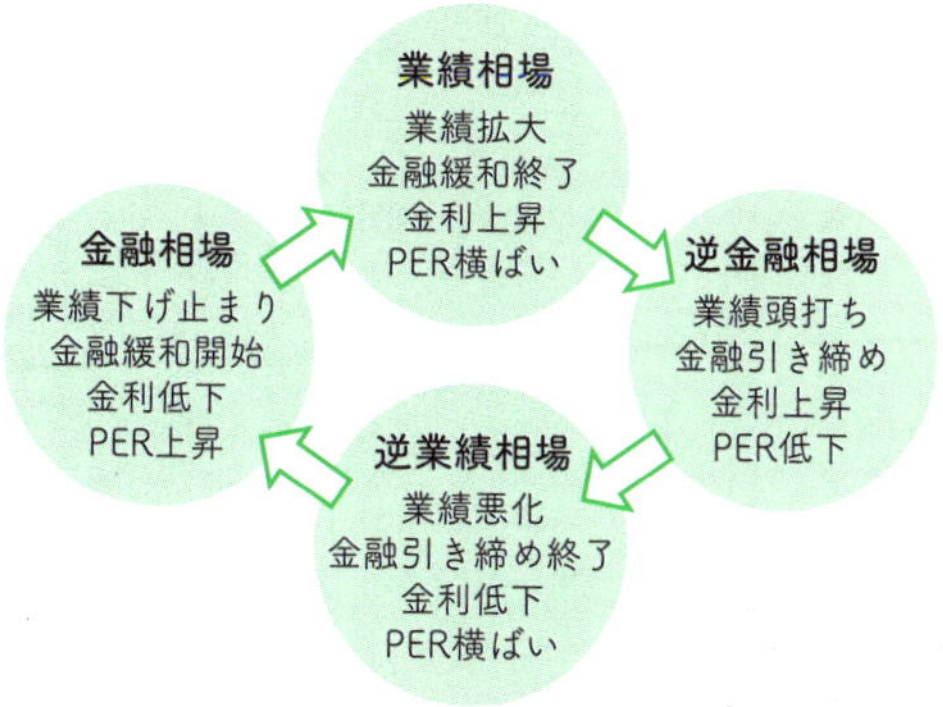

出所：https://shikiho.toyokeizai.net/news/0/607197

株式市場は図30のように、「業績相場」「逆金融相場」「逆業績相場」「金融相場」のサイクルを繰り返しています。これは株式市場の四季とも呼ばれ、各局面での投資判断の重要な指針となります。

株式市場は金利と益利回りの関係によって推移し、益利回りよりも10年債利回りのほうが高くなり、10年債に投資するほうが有利な状態で大きな下落が起こりやすい傾向があります。逆に、益利回りのほうが高く株式投資が有利な状態であれば、下落は短期で終わる傾向にあります。

各相場の特徴を見ていきましょう。

金融相場では、益利回りが一定でも10年

債利回りが低下するため、株式保有が有利となり株価は上昇します。業績相場では、10年債利回りが上昇しても、それを上回る企業業績の拡大により益利回りが上昇するため、やはり株式保有が有利となります。

問題となるのは逆金融相場と逆業績相場です。逆金融相場では、益利回り以上に10年債利回りが上昇し、株式よりも債券保有が有利となるため株価は下落します。逆業績相場では、10年債利回りは低下するものの、企業業績の悪化により益利回りが低下し、10年債利回りを下回ることで債券保有が有利となります。

前述のように、ブラックマンデーや日本のバブル崩壊、リーマンショックといった歴史的な大暴落は、いずれも株式よりも10年債のほうが有利な状態で発生しています。

日経平均の益利回りは日本経済新聞のウェブサイトで、S&P500の益利回りはインターネット検索で、それぞれ確認できます。また、日米の10年債利回りは楽天証券のウェブサイトなどで確認可能です。これらの指標を定期的にチェックすることで、大暴落のリスクを事前に察知することができるでしょう。

4 私の大暴落回避法その2
人気銘柄を避ける

人気の銘柄を避ける

値上がり益を得るためには、あなたが購入した株を、より高値で買ってくれる誰かが必要です。そして大暴落を避けるためには、人気銘柄を避けることが重要です。人気銘柄は既に多くの投資家が保有しているため、あなたが購入した価格以上で買ってくれる投資家を見つけることが困難になるためです。

では、人気銘柄とはどのような特徴を持つのでしょうか。

代表的なものとして、雑誌などで人気銘柄特集として取り上げられる銘柄、過去1

年間で株価が倍以上に上昇し、日々の売買代金でも上位に常連となっている銘柄、そしてテーマ型投資信託の主要組入れ銘柄などが挙げられます。

特にテーマ型投信に組み込まれる銘柄については注意が必要です。投資信託を組成する投信会社は証券会社を通じて「よく売れる投信」を提供したいと考えており、市場で人気のテーマを取り上げることが手っ取り早い方法となります。しかし、そのような投信に組み込まれた銘柄は、既に人気テーマの銘柄であり、さらなる高値で買う投資家は限られてきます。つまり、大暴落のリスクが高い銘柄といえるでしょう。

投信会社がＡＩ投信やロボット関連銘柄投信などを発売する時期は、そのテーマの人気がピークに達している可能性が高く、組入れ銘柄は下落リスクが高まっていると考えるべきです。

混み合ったポジションを避ける

人気銘柄を避けるのと同様に、多くの投資家が同じ方向でポジションを持っている状況、いわゆる**「混み合ったポジション」**にも注意が必要です。特に四半期決算発表時には、混み合ったポジションが「好材料出尽くし」を引き起こし、好決算でも利食いによる株価下落を招くことがあります。

ポジションが混み合っているかどうかは、日々のニュースと株価の推移から判断できます。たとえば、業績上方修正を予想する複数のポジティブな記事が報じられ、決算発表前に株価が上昇している場合は危険信号です。実際の上方修正発表時には、既に織り込み済みとなっており、利益確定売りによる株価下落のリスクが高まります。

この「混み合ったポジション」を避ける考え方は、重要な経済指標への市場の反応を予測する際にも有効です。たとえば、アメリカの雇用統計は、株式、為替、債券市場に大きな影響を与える指標です。失業率上昇は政策金利引き下げ期待から10年債利回り低下、株高、ドル安円高につながります。

統計発表前日には、どちらの方向のポジションが混み合っているかを見極めることが重要です。たとえば、発表前から10年債利回り低下、株高、ドル安円高が進行していれば、失業率上昇を期待するポジションが混み合っていると判断できます。

実際の統計発表で、失業率がコンセンサスどおりなら、材料出尽くしによるポジション巻き戻しが起こり、10年債利回り上昇、株安、ドル高円安となります。コンセンサスを下回る場合は、さらに激しい巻き戻しが予想されます。一方、予想を上回る失業率でも、既に混み合ったポジションのため、追加的な動きは限定的となるでしょう。

このような展開が必ず起こるわけではありませんが、重要な経済指標発表前には市場のポジション状況を推測し、混み合ったポジションは避けることが賢明です。

リスクリワードを考える

リスクとリワードの関係を判断する簡単な方法として、10年チャートを活用するのも良いでしょう。**過去10年の最高値、最安値と現在の株価を比較することで、潜在的なリスクとリワードを把握できます。**

たとえば、過去10年の最高値が1000円、最安値が200円の銘柄を考えてみましょう。現在の株価が900円の場合、過去のレンジ内で動くと仮定すると、アップサイド（上値）は100円、ダウンサイド（下値）は700円となります。この場合、リワード（報酬）よりもリスクのほうが大きくなります。

逆に、現在株価が３００円であれば、アップサイドは７００円、ダウンサイドは１００円となり、リスクよりもリワードのほうが大きくなります。このような銘柄は、リスクリワードの観点から魅力的といえるでしょう。

もちろん、過去10年の株価推移だけで判断するのは単純すぎる面もありますが、リスクリワードを比較して、リワードがリスクを上回る銘柄については、さらに調べる価値があるといえます。第２章で説明した４つの指標による分析に進むことも検討できるでしょう。


このリスクリワードの考え方は、重要な経済統計の発表時にも応用できます。たとえば失業率発表前に、コンセンサスどおりの結果が出た場合の市場反応や、予想から外れた場合の上下の反応を想像し、それぞれのシナリオにおけるリスクリワードを事前に検討しておくことは有用です。

本項のポイント

- 既に人気のあるテーマは暴落のリスクをはらむ
- 重要な経済指標発表前には市場のポジション状況を推測する
- 10年チャートを活用し、リスクとリワードについて検討しておく

第4章

アナリストレポートの読み方

1 アナリストレポートは ブルーオーシャン

アナリストレポートは、証券会社発行のものだけでなく、最近では第三者機関による「スポンサードリサーチ」も充実してきており、投資判断における貴重な情報源となっています。

これらのレポートがブルーオーシャンである理由は主に2つあります。

①個人投資家が手軽に利用できるのに、意外と利用されていない

主要な証券会社は個人投資家向けにアナリストレポートを公開していますが、その存在は十分に認知されていません。

私がX（旧ツイッター）上で注目すべきアナリストレポートの内容を共有すると、「どこでこのレポートを読めるのですか？」という問い合わせが頻繁にあります。そ

のたびに私は「○○証券のサイトで読めますよ」と返信しているわけですが、これは、証券会社のアナリストレポートが手軽に読めることが個人投資家に十分浸透していないことを示しています。つまり、レポートの内容が株価に織り込まれていない可能性が高く、そこに投資機会が潜んでいるといえます。

②機関投資家によるアナリストレポート軽視の風潮がある

本来、証券会社のアナリストレポートは機関投資家やヘッジファンド向けに発行されるものです。証券会社の機関投資家向けセールス担当者は、自社アナリストのレポート内容を売り込む役割を担っていますが、近年はその時間が十分に確保できていません。

その背景には、上場企業のIR活動の活発化があります。多くの上場企業が機関投資家との直接対話に力を入れており、機関投資家セールスは面談予約の設定業務に追われています。4000社近い上場企業の膨大なアポイント調整に時間をとられ、アナリストレポートの売り込みが後回しになっているのです。

結果として、アナリストレポートの内容は機関投資家に十分浸透せず、株価にも織り込まれないまま放置されることになります。これは逆に、個人投資家にとって大きな投資機会となり得ます。

この章では、このようなブルーオーシャンであるアナリストレポートの実践的な活用方法について説明していきます。

2

証券アナリストとは何者か？

アナリストレポートの実践的な活用法を説明する前に、その執筆者である証券アナリストについて説明しましょう。

証券アナリストは株式投資の専門家です。約4000社ある上場企業は証券取引所によって33の業種に分類されており、アナリストはこれらの業種ごとの専門家として活動しています。各アナリストは担当業種から20〜30社程度を選び、業績予想の作成と投資判断を行います。多くの証券会社では「買い」「中立」「売り」や「1」「2」「3」などの投資判断をレポートに記載し、その理由と共に、約1年後を想定した目標株価を設定します。

会社を分析し、株価の上げ下げを判断する専門家、それが証券アナリストです。

アナリストランキング

証券アナリストは、顧客である機関投資家やヘッジファンドから3〜6ヶ月ごとに厳しい評価を受けています。これはレストランの評価システムに似ており、優れたサービスを提供するアナリストは高評価を得て高額の報酬が約束される一方、低評価のアナリストは低収入となり、外資系証券では解雇、日系証券では配置転換の対象となることもあります。

ただし、これらの四半期・半期評価は証券会社内部でのみ共有され、外部からは誰が活躍しているのかを知ることはできません。

外部からアナリストの評価を知る手段としては、日経ヴェリタス誌が年1回（例年3月頃）発表するアナリストランキングが有用です。2025年3月からは紙媒体が廃刊となりますが、電子版でのランキング発表は継続される予定です。

図31 証券会社別アナリストランキング（日経ヴェリタス調べ、2024年）

証券会社別ランキング(括弧内は前年順位)

1.大和証券(1)　得点:13,123　アナリスト数:49
2.SMBC日興証券(3)　得点:10,171　アナリスト数:34
3.みずほ証券(2)　得点:9,760　アナリスト数:36
4.野村證券(4)　得点:6,365　アナリスト数:35
5.モルガン・スタンレーMUFG証券(14)　得点:5,075　アナリスト数:34
6.JPモルガン証券(6)　得点:2,740　アナリスト数:17
7.東海東京インテリジェンス・ラボ(9)　得点:2,169　アナリスト数:20
8.SBI証券(8)　得点:2,037　アナリスト数:19
9.シティグループ証券(7)　得点:1,947　アナリスト数:13
10.岡三証券(10)　得点:1,733　アナリスト数:14

出所:https://informlead.com/archives/2024.html

図32 産業用電子機器におけるアナリストランキング（日経ヴェリタス調べ、2024年）

山崎氏(55歳)は14年連続首位。一貫して野村所属。

1.山崎雅也(1)　野村
2.田中健士(2)　みずほ
3.大川淳士(3)　大和
4.安井健二(4)　UBS
5.吉積和孝(5)　SMBC日興

出所:https://informlead.com/archives/2024.html

ちなみに2024年の会社別ランキングのトップ10は図31になります。カッコ内の数字は前年の順位です。

これは会社ごとのランキングですが、アセットインフォリードのウェブサイトではセクターごとの個人ランキングも開示しています。たとえば、産業用電子機器セクターのランキングは図32のようになっています。

銘柄が当たるわけではない

アナリストランキングは優秀なアナリストを知るうえで参考になりますが、「トップアナリストだから銘柄が当たる」というわけではありません。よく見かける「トップアナリストが選ぶこの銘柄」といった記事の銘柄を購入しても、必ずしも利益につながるとは限らないのです。

アナリストランキングは機関投資家による総合評価であり、推奨銘柄の株価上昇は評価項目の1つに過ぎません。業界全体の変化を適切に伝えることや、重要な企業幹部とのミーティングを設定するなど、その他のサービスも重要な評価要素となります。グーグルや食べログのレストラン評価と異なり、推奨銘柄の成績が芳しくなくても、他の評価項目で高得点を獲得してトップになることがあるのです。

実際、あるクオンツアナリスト（統計を駆使して分析を行うアナリスト）の調査によれば、「アナリストの投資判断」「ROE」「益利回り」「PBR」「配当利回り」の5項目の中で、最も収益性が低かったのが「アナリストの投資判断」でした。アナリストの「買い」「売り」判断に従って取引すると、むしろ損失が拡大する傾向が見られました。

私は現在、みずほ証券、野村證券、SBI証券、大和証券のリサーチレポートを日常的に読んでいます。これらのレポートは各証券会社のウェブサイトで閲覧可能ですが、多くの場合、口座開設が必要で、預かり資産額や銘柄登録などの条件が設けられています。みずほ証券とSBI証券は比較的制限が少なく、野村證券は銘柄登録制、大和証券は預かり資産1000万円以上などの条件があります。

個人投資家がアナリストレポートを活用する場合、4社程度で十分だと考えています。それ以上になると読む時間の確保が難しく、特に仕事をしながら投資を行う場合には現実的ではないからです（なので、必ずしも私が閲覧している右の4社でなくても構いません）。必要であれば、アナリストランキング上位の証券会社1社に絞ってもよいでしょう。**重要なのはレポートの量ではなく、その正しい活用方法と内容の解釈**だからです。

本項のポイント

- 証券アナリストは会社を分析し、投資判断を行う専門家
- 日経ヴェリタスのアナリストランキングは参考になる
- トップアナリストだからといって投資判断が必ず正しいということはない

3 アナリストレポートを読むことの3つの利点

利点① 時間の節約

アナリストは株式の専門家として、投資家に代わって企業調査と分析を行います。経営者との定期的な面談を通じて経営方針を把握し、IR部門への取材を重ね、四半期ごとの業績予想を作成します。決算発表時には、決算短信や説明会資料を精査し、説明会に参加して疑問点を質問します。さらに、工場や店舗への視察、有価証券報告書や株主総会の内容確認など、幅広い調査活動を行い、その重要なポイントをレポートにまとめて証券会社のウェブサイトに掲載します。

このような膨大な調査活動を個人で行うことは、ほぼ不可能でしょう。経営者との面談ひとつとっても、個人投資家にとってはハードルが高いものです。個人での企業調査を否定するわけではありませんが、10社を超える銘柄を調査対象とする場合、投資の専業家でなければ現実的ではありません。

多くの投資家は本業を持ちながら資産運用を行っています。そのような状況で、企業が開示する膨大な資料をすべて読み込んで判断することは困難です。そのような目標を掲げても、長続きは期待できないでしょう。**アナリストレポートを活用すれば、効率的に企業情報を得ることができます。**

さらに重要な点として、アナリストレポートは無料で利用できるということがあります。新聞の購読には月額5000円程度、株式関連の月刊誌でも1冊500円程度の費用がかかりますが、アナリストレポートは無料で読むことができます。

正確に言えば、証券会社は、アナリストレポートを読んだ投資家が株の売買注文を出してくれることを期待して、こうしたレポートを無料で提供しているのです。それでも、読むたびに課金されることはありません。

時間の大幅な節約になり、しかも費用がかからない――この利点を活用しない手はないでしょう。

利点② 危ない会社を避けられる

株式投資における最大のリスクは、会社の倒産です。会社が倒産し、上場廃止となり、投資額がゼロになってしまえば、長期保有による利益獲得の機会も永久に失われます。したがって、倒産リスクのある危険な企業への投資を避けることが、個人投資家にとっての大原則となります。

株式の専門家である証券アナリストは、この危険な企業を事前にふるい分けてくれます。定期的にレポートを発行し、投資判断や目標株価を設定している銘柄には、危険な会社や倒産の可能性が高い企業はほとんど含まれていません。アナリストは財務分析だけでなく、業界の評判やサプライチェーンの評価も含めて総合的な分析を行っており、「怪しい」「表面は好調でも実態は危うい」と判断される企業は、最初から調査対象から除外されます。

さらに、ＪＡＬやシャープ、東芝といった**大型上場企業の破綻や危機的状況につい**

では、事前に警告を発してくれます。これらの企業はアナリストが定期的にレポートを発行している対象企業であり、会社の苦境を把握した段階で、投資家への警告を繰り返し行います。「売り」という明確な投資判断を示すケースもあれば、レポートの内容から深刻な状況が読み取れるケースがほとんどです。

私の36年以上の市場経験の中で、アナリストがレポートを発行している企業が突然破綻の危機に陥ったケースは、ライブドア程度しか思い出せません。アナリストがカバーし、投資判断を付与している銘柄に投資し、そのレポートを定期的に読む習慣をつければ、危険な企業を効率的に回避することができます。

利点③ 情報の質が高い

アナリストレポートには、ネットや会社四季報では得られない、格段に質の高い情報が含まれています。

たとえば、私が昨年来注目している第一三共の例を見てみましょう。多くのアナリストが医薬品業界のコア銘柄と位置づけているこの企業について、アナリストレポートは抗がん剤事業の詳細な分析を提供しています。臨床結果を公表する学会の予定、薬剤承認の時期、承認後の業績への影響など、具体的な情報が記載されています。

これらの情報は一般的なネット検索では見つからず、会社四季報にも詳細は掲載されていません。実際、知人にこの内容を伝えたところ、「ネットで確認しようとしたが見つからなかった」との反応でした。会社四季報は企業情報の掲載スペースが数行分と限られており、詳細な情報を伝えることができないという制約があります。

情報の質が高い理由は明確です。証券会社のアナリストは、顧客である機関投資家を満足させるレポートを書く必要があるからです。機関投資家は定期的にアナリストを評価し、年1回の公式な投票も行います。インターネットで簡単に見つかるような情報や、会社四季報の内容を単に繰り返すようなレポートでは、機関投資家の評価は得られません。そのようなアナリストは「役立たず」と判断され、相手にされなくなるでしょう。

そのため、アナリストレポートには機関投資家が評価する新しい視点や、株価に影響を与えうる重要な情報が含まれており、情報の質は自ずと高くなっているのです。

本項のポイント

- アナリストレポートは時間の節約
- しかも無料
- 危険な会社を避けることができる
- 機関投資家を満足させる必要から、情報の質が高い

4 アナリストレポートのどこを読むか？

私のアナリストレポートの活用方法を具体的に説明しましょう。

まず、アナリストの投資判断（「買い」「中立」「売り」）は無視、むしろ疑ってかかります。その代わり、**投資判断と矛盾する内容がレポートの文章に含まれていないか**を注意深く読みます。たとえば、投資判断が「買い」なのに、業績未達や在庫増加、利益率低下などのネガティブな内容が多く含まれている場合は強く警戒します。

その際、同時に**バリュエーション（ROE、配当利回り、益利回り、PBR）もチェック**します。「買い」判断でも割高な水準であれば疑問を感じます。

「中立」判断の場合は特に注意深く内容を読みます。判断は中立でも、新鮮でエキサイティングな内容が記載されていれば、投資検討の対象とします。逆にネガティブな指摘が多ければ、しばらく様子見とします。「売り」の場合も同様に、株価上昇につながる要素が含まれていないかをチェックし、バリュエーションと照らし合わせて判断します。

目標株価についても、私は全く参考にしません。目標株価との乖離も気にしません。その理由は、アナリストが目標株価を「かなり雑に」設定していると考えられるケースが多いからです。

多くの証券会社では、アナリストの投資判断と目標株価の乖離に一定の基準（例：現在株価との乖離が20％以上で「買い」など）を設けています。アナリストは多忙なため、頻繁な投資判断の変更や目標株価の修正を避けたいと考えます。そのため、「買い」判断の場合は最初から目標株価を高めに設定する傾向があります。

また、純粋にバリュエーションで目標株価を設定するアナリストでも、投資判断の引き下げには多くのエネルギーが必要です。投資家や企業からの反応を考慮すると、投資判断の変更よりも目標株価の引き上げのほうが容易な選択となります。

このような背景から、目標株価の変更は必ずしも企業の本質的な変化を反映したものではなく、単なる社内事情による可能性が高いのです。したがって、市場で報じられる「証券会社による目標株価引き上げで株価上昇」といったニュースにはあまり意味がないと考えています。

大切なのは本文と業績予想

私がレポートで最も重視するのは、本文と業績予想欄です。業績予想欄については次章で説明することとし、ここではレポート本文の読み方について説明します。

本文で探しているのはただ1つ、**「将来のカタリスト（触媒）」**です。これは将来の株価変動のきっかけとなる材料や話題のことです。

たとえば、将来の業績修正の可能性、増配や自社株買いの可能性、新製品や新車の発売計画、インフレ下での価格戦略などが含まれます。また、中期経営計画の方針なども重要なカタリストとなります。理想的には、複数のカタリストが待ち受けている銘柄を選びたいところです。

カタリストを重視する理由は、株式投資の本質が転売益にあるからです。株式は自動車やマンションとは異なり、値上がり益を目的とした売買が主です。個人投資家の株式購入目的の約6割が値上がり益とされています。したがって、購入時点で将来の売却のタイミングを想定しておく必要があります。株価上昇は、多くの投資家が買いたくなるとき、すなわちカタリストが実現したときに起こりやすいのです。

重要なのは、カタリストの実現時期です。3〜6ヶ月先に実現する可能性が高いカタリストであれば投資対象として有望ですが、3〜5年以上先となると少し遠すぎます。**理想的には1・5年以内に実現するカタリストについて検討すべき**でしょう。

カタリスト利用法

適切なカタリストを見つけて、特定の銘柄に投資を始めたら、その後の管理が非常に重要になります。

カタリストが実現した時点で、私は「売りスタンス」に転換します。期待どおりの業績上方修正や自社株買いの発表、値上げや新製品の発表があり、株価が大きく反応して上昇した場合、「そろそろ利益確定」を考えます。これは「これ以上の好材料はしばらく出てこない」という判断に基づいています。

ただし、業績上方修正が期待以上だったり、値上げ幅が想像を超えたりするような場合は例外です。その場合は保有を継続しますが、依然として「売りスタンス」を維持し、次のカタリストを探しながら利益確定の機会をうかがいます。

一方、カタリストが期待外れだった場合（上方修正が小幅、値上げが限定的、中期経営計画の目標が低いなど）は、その銘柄からの撤退を検討します。株価回復の可能性はあっても、それがいつになるかは不明です。１９９９年のアマゾンのように10年間の塩漬けになるリスクもあります。評価益なら売却は容易ですが、含み損の場合でも「カタリスト勝負に負けた」と割り切り、まずは半分売却することにしています。

株式投資に絶対必勝法はなく、ポジション管理が重要です。そのため、新たなカタリストを見つけた場合は、慎重に時間分散して投資します。最小限の単位から始めて、株価の推移を見守ることもあります。

また、ロスカットも重要な戦略です。私の場合、**ポジション構築後に10％以上の下落が生じた場合、そのポジションをロスカットします。**大きな下落は何らかの見落としや誤認があることを示唆しており、他の投資家の見方が異なっているか、アナリストの分析に誤りがある可能性も考えられます。10％でのロスカットを徹底することで、大きな損失を回避できます。

リスク許容度は個人によって異なるため、ロスカットの水準は必ずしも10％である必要はありませんが、何らかの基準を設定することが重要です。

このように、アナリストレポートの本文重視、カタリストの発見、時間分散投資、そして規律あるロスカットを組み合わせることで、株式投資での成功確率を大きく高めることができます。

本項のポイント

- アナリストレポートの投資判断と目標株価は無視
- 注意して読むべきはレポート本文の内容
- 1・5年以内に実現しそうなカタリストを探す
- カタリストが実現したら、基本は売りスタンス
- ロスカットは基準を設定して行う

6 アナリスト予想は宝の山

証券会社のアナリストレポートにおいて、本文と並んで重要なのが業績予想です。この章では、アナリストの業績予想の見方について説明します。

見るのは営業利益

アナリストの業績予想において最も注目すべきは営業利益です。売上や経常利益、当期利益の予想も重要ですが、株価へのインパクトという観点では営業利益が最も大きいといえます。銀行や商社のように当期利益の推移が重要なセクターもありますが、これらは例外的で、ほとんどのセクターでは営業利益が重要な指標となります。

図33 造船大手A社の業績予想

決算期		売上高（百万円）	前年比（%）	営業利益（百万円）	前年比（%）	税前利益（百万円）	前年比（%）	当期利益（百万円）	前年比（%）	EPS（円）
Mar-24		4,657,147	10.8	282,541	46.1	315,187	64.9	222,023	70.2	66.1
Mar-25	会社予想	5,000,000	7.4	380,000	34.5	370,000	17.4	240,000	8.1	71.4
	アナリスト予想	5,100,000	9.5	390,000	38.0	400,000	26.9	300,000	35.1	90.0
Mar-26	アナリスト予想	5,300,000	3.9	420,000	7.7	450,000	12.5	330,000	10.0	100.0
Mar-27	アナリスト予想	5,800,000	9.4	470,000	11.9	490,000	8.9	360,000	9.1	110.0

※著者作成

①営業増益が続くか

最低でも今期と来期の2期連続増益、できれば3期連続の増益が望ましいです。営業増益が継続する期間は、株価も上昇を続ける可能性が高いと考えられます。一部のアナリストは4年以上先までの業績予想を掲載することもありますが、そこまでの長期予想は不確定要素が多すぎます。株式市場もそれほど遠い未来までは織り込めないため、**3期連続の営業増益程度を基準**とするのが適切でしょう。また、営業利益の増益率が前期比で2桁以上であれば理想的な状況といえます。

図33はある証券会社による造船大手A社の業績予想です。

営業利益欄を見ると、25年３月期はアナリスト予想３９００億円で38％増益。来期のアナリスト予想は４２００億円で７・７％増益。さ来期のアナリストの予想は４７００億円で11・９％増益。

３期連続の増益基調で、買いの候補になりますし、当面、株価の上昇基調は続くと私は判断します。

②会社計画との比較

多くの企業は期初（3月決算企業であれば5月頃）に通期の会社計画を発表します。この会社計画とアナリストの業績予想を比較することが重要で、**会社計画よりも強気な予想を出しているアナリストがいる企業を投資対象とすべき**です。逆に、アナリスト予想が会社計画を下回る企業は、期中の業績下方修正リスクがあるため、投資対象としては避けるべきでしょう。

アナリスト予想は通常、四半期ごとに更新されます。これは企業の四半期業績発表を受けて、アナリストが予想を修正するためです。たとえば造船大手Ａ社の事例では、会社計画の営業利益予想3800億円に対し、アナリスト予想は3900億円となっており、今後の上方修正の可能性を示唆しています。

③コンセンサスとの比較

アナリストレポートの業績予想欄には、通期のアナリスト予想のコンセンサス（市場の平均的な予想）が記載されています。このコンセンサスと会社計画の比較、またはコンセンサスと個別アナリストの予想の比較も重要です。

たとえば、会社が営業増益を予想していても、コンセンサスが減益予想であれば、株価上昇は期待しづらいでしょう。逆に、会社計画が5%増益に対してコンセンサスが30%増益であれば、その大幅増益を織り込む形で株価が上昇する可能性が高くなります。

また、**コンセンサスと個別アナリスト予想の乖離も注目点**です。コンセンサスが10%増益予想に対し、あるアナリストが30%増益を予想している場合、そのアナリストの予想が的中する可能性が高く、実際に会社が30%増益を発表するようであれば、株

図34 レストランチェーンB社の業績予想

決算期		売上高（百万円）	前年比（%）	営業利益（百万円）	前年比（%）	経常利益（百万円）	前年比（%）	当期利益（百万円）	前年比（%）	EPS（円）
24年8月期		224,542	22.5	14,863	105.8	15,585	96.1	8,149	58.1	164.9
25年8月期	会社予想	253,600	12.9	16,600	11.7	16,400	5.2	10,300	26.4	208.0
	アナリスト予想	250,000	11.3	17,500	17.7	17,500	12.3	12,000	47.3	235.0
	コンセンサス	240,000	–	16,000	–	16,000	–	10,000	–	210.0
26年8月期	アナリスト予想	275,000	10.0	22,000	25.7	22,000	25.7	15,000	25.0	284.7
	コンセンサス	260,000	–	19,000	–	19,500	–	13,000	–	250.0
27年8月期	アナリスト予想	300,000	9.1	25,000	13.6	25,000	13.6	17,000	13.3	340.0

※著者作成

価は大きく上昇するでしょう。

逆に、コンセンサスが50%増益予想で、あるアナリストが5%増益を予想し、実際の決算がそのとおりになった場合、たとえ増益であっても株価は下落する可能性が高くなります。

このように、コンセンサスとの関係は株価に大きな影響を与え、場合によっては前期比の増益率よりも、実際の決算とコンセンサスとの乖離のほうが重要になることもあります。

図34はレストランチェーンB社の業績予想です。会社計画の25年8月期の営業利益予想は166億円です。それに対してアナ

リストの業績予想は１７５億円、コンセンサス営業利益は１６０億円となっています。増益率を見ると会社計画では11・７％増益。アナリスト予想は17・７％増益。アナリストの予想が正しければ会社計画の営業利益は上振れると判断でき、有望な銘柄となります。また実際の決算発表時に会社がこのアナリスト予想やコンセンサス予想をどの程度上回れるかが、重要になると判断できます。

④ 例年のガイダンスショック

ガイダンスショックは、アナリストコンセンサスと実際の会社発表との乖離によって生じる現象で、特に5月の決算発表時期に顕著に見られます。日本の株式市場では10年以上にわたって繰り返されている現象です。

3月決算の多くの日本企業は、2月頃から翌期の経営計画の策定を始め、それを業績予想のベースとします。たとえば２０２５年であれば、２０２５年2月頃から２０２６年3月期の営業利益計画を作成します。1年以上先の予想は不透明で、原油価格や為替、事業環境の予測は困難です。また、上場企業は業績の下方修正を極端に嫌います。下方修正は投資家やアナリストからの批判を招き、株主総会での経営陣への信任投票にも影響しかねないためです。

　そのため、5月の本決算時に発表される業績予想は極めて保守的になりがちです。実際には2桁の営業増益が十分可能でも、前期比横ばいの計画を発表するようなケースも少なくありません。市場はこのようなコンセンサスからの下振れを嫌い、5月の本決算発表を境に株価が急落することが多々あります。

　この現象があまりにも恒例化しているため、ヘッジファンドは先回りして対応します。保守的な予想を出しそうな企業に事前に空売りポジションを構築し、ガイダンスショック後の株価急落時に買い戻すのです。そのため、ヘッジファンドの買い戻しにより決算発表後の急落からごく短期間で株価がリバウンドすることもあります。

　したがって、ガイダンスショックによる株価下落は一時的な現象と捉え、あわてて売却するべきではありません。売却してしまうと、ヘッジファンドの思惑通りの展開となってしまいます。

　今後はこのガイダンスショックも減少していく可能性があります。10年前と比べ、日本企業の株主軽視の姿勢は改善されつつあり、株主との対話に前向きな企業が増えています。これに伴い、過度に保守的な業績ガイダンスも徐々に減少するでしょう。

とはいえ、現状ではガイダンスショックは続いているため、**新規銘柄の購入は5月の本決算前を避け、ガイダンスショックのリスクが過ぎた後のタイミングを選ぶ**ことが賢明です。

四半期の業績予想も大切

アナリストレポートには、四半期ごとの業績予想が掲載されていることがあり、これも非常に有用な情報です。四半期ごとの業績推移が分かることで、株価の反応もある程度予測できるためです。

たとえば、第1四半期と第2四半期は営業利益が減益となるものの、第3四半期、第4四半期で急回復するような会社の場合、株価は上期中には低調に推移し、下期に入ってから堅調な展開が期待できるでしょう。このような業績の推移パターンを事前に把握できることは、投資判断において大きな利点となります。

会社四季報には四半期の業績予想は掲載されていないため、四半期ごとの業績推移を事前に把握することは困難です。SNS上では、四半期決算をまたいで株を保有す

図35 レストラン大手B社の四半期業績予測

決算期		売上高（百万円）	前年比（%）	営業利益（百万円）	前年比（%）	経常利益（百万円）	前年比（%）	当期利益（百万円）	前年比（%）	EPS（円）
24年8月期	第1四半期	52,646	22.1	3,459	103.8	3,760	114.6	2,701	103.2	164.9
	第2四半期	51,988	27.6	2,475	-	2,722	-	-147	-	208.0
	第3四半期	58,636	21.6	4,131	55.1	4,089	43.8	2,622	27.2	235.0
	第4四半期	61,272	19.8	4,798	31.3	5,014	25.3	2,973	19	210.0
25年8月期	第1四半期	60,000	14.0	3,000	-13.3	3,000	-20.2	2,000	-26.0	164.9
	第2四半期	58,000	11.6	2,800	13.1	2,800	2.9	1,700	-	208.0
	第3四半期	62,000	5.7	4,700	13.8	4,700	14.9	3,000	14.4	235.0
	第4四半期	70,000	14.2	7,000	45.9	7,000	39.6	5,300	78.3	210.0

著者作成

ることを避けたり、決算発表前にすべて売却してしまうという個人投資家のコメントをよく見かけます。確かに四半期決算で株価が大きく変動することは多々ありますが、アナリストレポートで四半期ごとの業績予想を事前に把握しておけば、決算発表の内容に驚くことも少なくなるでしょう。

必ずしもアナリストの四半期決算予想が100%的中するわけではありませんが、事前に内容を把握しておくことで、不必要な売買を減らすことができます。

レストラン大手B社の例を使って、四半期業績予想の具体的な見方を説明しましょう。図35は、ある証券会社によるB社の四半期業績予想です。
アナリストの予想では、２０２５年８月期の第１四半期の営業利益は30億円、前年比13・３％の減益が見込まれています。通期の会社計画１６８億円に対する進捗率は17・８％で、減益かつ低進捗となっています。この予想が的中すれば、第１四半期の決算発表では株価の上昇は期待しづらく、むしろ第２四半期以降の回復を待つ必要があると推測できます。

このように、アナリストレポートに掲載されている業績予想は非常に価値のある情報源です。**会社四季報では得られない四半期ごとの業績予想は、投資判断の精度を高めるうえで重要な役割を果たします。**そのため、私は投資判断の正確性を高めるために、これらの情報を積極的に活用しています。

本項のポイント

- アナリストの業績予想において最も見るべきは「営業利益」
- 3期以上増益が続くか
- 会社計画やコンセンサスとアナリスト予想とを比較してみる
- 四半期の業績推移に注目する

6 スポンサードリサーチを活用しよう

アナリストレポートは、証券会社が発行するレポートだけではありません。証券会社が発行するレポート以外に便利なレポートとして「スポンサードリサーチ」があります。この項ではスポンサードリサーチについて説明します。

スポンサードリサーチとは？

スポンサードリサーチは、上場企業が独立したリサーチ会社に作成を依頼し、ビジネスモデル、業績推移、長期的な事業戦略などを投資家に分かりやすく説明するために発行されるものです。証券会社のレポートとは異なり、投資判断や目標株価の設定は行わず、情報提供に特化しています。最大の特徴は、上場企業がリサーチ会社に対価を支払ってレポートの作成を依頼している点です。

これに対し、証券会社は顧客への情報提供と、それに伴う株式売買手数料の獲得を目的にレポートを発行しており、上場企業からレポート発行の対価を受け取ることはありません。


では、なぜ上場企業がスポンサードリサーチを利用するのでしょうか。それは証券会社の調査対象銘柄が限られているからです。

大手証券でも、アナリストが調査レポートを発行する銘柄は700〜900社程度に留まります。時価総額の大きい銘柄ほど売買が活発で投資家の関心も高いため、証券会社は売買手数料の多い大型株に調査の経営資源を集中させます。この傾向は各証券会社で共通しており、レポート発行銘柄もほぼ重複しています。

約4000社ある上場企業のうち、証券会社がレポートを発行するのは700社程度で、残りの3300社はレポートがほとんどないか、皆無という状況です。この結果、アナリストレポートが発行されない企業は投資家の関心が薄く、株価が低位で推移しがちです。

これは企業にとって2つの問題を引き起こします。1つは低PBRの改善を求める東証の要請への対応が困難になること、もう1つは同意なき買収のターゲットとなるリスクです。「低株価＝買収のターゲット」という時代において、この2つの問題は看過できません。

スポンサードリサーチは、これらの問題に対する1つの解決策となります。上場企業は費用を負担してでも、投資家に自社を知ってもらい、関心を持ってもらうことで、低位株価からの脱却や時価総額の拡大を目指しているのです。

スポンサードリサーチの活用法

私のスポンサードリサーチの活用方法は、気になる銘柄、特に小型株で証券会社のレポートが少ないか発行されていない銘柄を見つけた際に、スポンサードリサーチのウェブサイトでレポートの有無をチェックすることから始まります。レポートが存在する場合、その内容チェックは証券会社のアナリストレポートと同様の方法で行いますす。私はもともとアナリストの投資判断と目標株価は重視していないので、スポンサードリサーチにそれらがないことは全く問題ありません。

スポンサードリサーチのレポート本文は、企業が費用を負担しているにもかかわらず、非常に客観的な内容となっています。会社の強みだけでなく弱みまでも記載されており、充実した情報を得ることができます。ただし、多くの場合、業績予想は含まれていないため、その部分は会社四季報の業績予想欄で補完する必要があります。

さらに重要なのは、スポンサードリサーチの有無自体が会社評価の重要な指標となることです。レポートを発行している企業は、一定のコストを払ってでも投資家に自社を認知してもらいたいという意欲を持っており、株価に対して無関心ではないことを示しています。これは株主を意識した経営を行う可能性が高いことを示唆する、重要な特徴といえます。

スポンサードリサーチを発行している会社

シェアードリサーチやFISCOなどが古くからスポンサードリサーチを発行しており、最近では需要の高まりを受けて、「QUICK&NOMURA」「ストラテジー・アドバイザーズ」など、新たな発行会社も増加しています。スポンサードリサーチは証券会社のレポートと同様、まだ十分に活用されていないブルーオーシャンであり、これを活用することで有望な投資機会を見つけられる可能性が高いと考えています。

本項のポイント

- スポンサードリサーチは上場企業がお金を払って発行されている
- スポンサードリサーチは上場企業が株価を意識している表れ

第5章

モノ言う株主の時代

1 増える株主還元

株主還元の状況は、この10年で大きく変化しています。図36をご覧ください。2014年頃には7兆円程度だった配当金は、2024年には15兆円を超え、約2・1倍に増加しています。

株主還元のもう1つの柱である自社株買いも同様に増加しており、図37をご覧いただければ分かるように、こちらも10年前と比べて倍増しています。2024年にはすでに17兆円を超えたとの報道もあります。

自社株買いには、株数減少による1株当たり利益の押し上げ効果があります。たとえば、100万株の発行済み株式に対して10万株の自社株買いを行うと、発行済み株式数は90万株に減少します。これにより、1株当たりの当期純利益は50円から

図36 | 株主の3つの権利

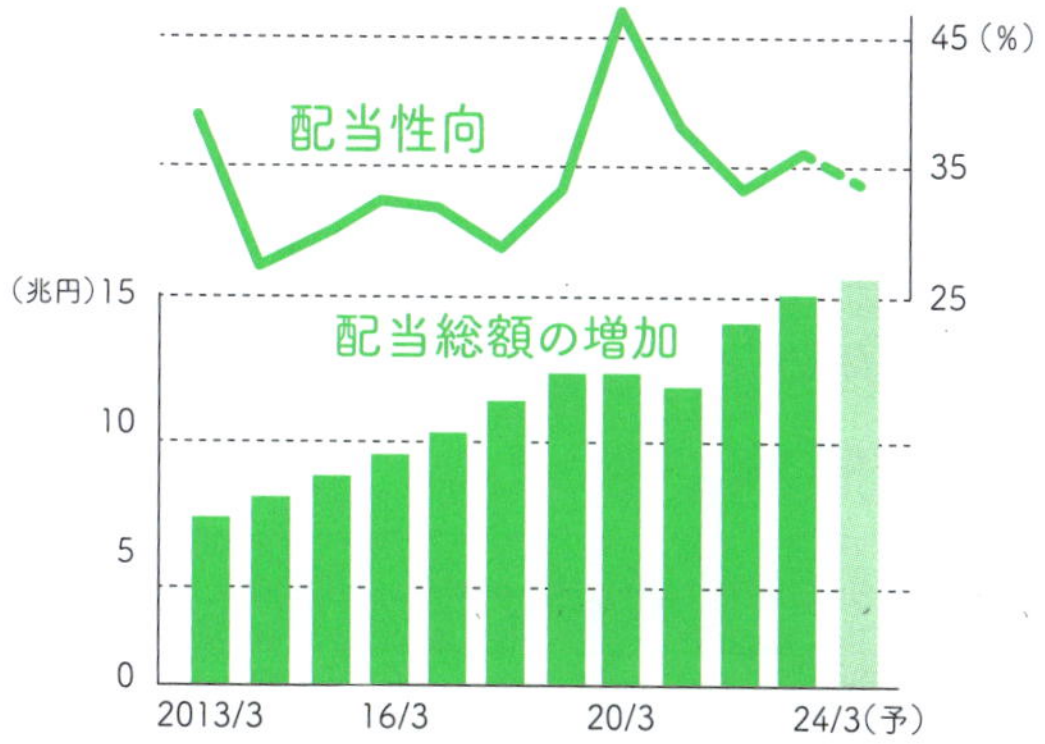

出所：https://www.nikkei.com/article/DGXZQOUC087HL0Y3A201C2000000/

図37 | 自社買いも2年連続で過去最高

出所：https://www.nikkei.com/article/DGXZQOTG036U80T01C24A2000000/

図38 自社株買いによって1株当たりの当期純利益が増える

	自社株買いの前	10万株の自社株買い後
株価	1,000円	1,000円
当期純利益	5,000万円	5,000万円
発行済株式数	100万株	90万株(100万株-10万株)
1株当たりの当期純利益	5,000万円÷100万株＝50円	5,000万円÷90万株＝55.6円

出所：https://kabukiso.com/column/jisha.html

55・6円に増加します。企業の当期利益が変わらなくても、自社株買いによって1株当たり利益を増やすことができるのです(図38)。

これは株主価値の向上につながるため、株主にとって歓迎すべき施策です。需給面でも、上場企業が一定期間継続して自社株を買い続けることで新たな買い手となり、さらに買い戻した株式は将来の売り圧力とならないため、プラスの効果があります。

近年問題となっている持ち合い株式の売却(年間約12兆円)に対しても、自社株買い(24年で17兆円)は有効な対抗手段となっています。売却額を自社株買い額が上回っており、需給面でもプラスとなっています。

この変化は2014年のスチュワードシップコード導入が契機となっています。スチュワードシップコードとは、機関投資家による投資先企業への対話や議決権行使など、投資における行動指針のことです。この導入により、機関投資家による株主総会での議決権行使の積極化を招き、株主への還元が少ない場合や資本効率が低い場合には反対票が投じられるようになりました。

その結果、経営者は株主との建設的な対話を求められ、配当や自社株買いを増加させる流れが生まれたのです。

2 増える株主提案とアクティビスト

２０１４年以降、一般的な機関投資家による反対票の増加に加え、株主提案も増加傾向にあります。機関投資家とモノ言う株主による株主提案数は右肩上がりで推移しており、株主の発言力は着実に強まっています（図39）。

機関投資家やアクティビストは、株主総会の議案に対して、どのような基準をもって臨んでいるのでしょうか？　ここでは主な基準について説明します。

① ROE

ＩＳＳ（米国の議決権行使助言会社）は２０１５年から、５年平均ＲＯＥが５％を下回る企業の経営陣に対して反対投票を行う基準を導入しています。日系運用機関でも、三菱ＵＦＪアセットが２０２７年４月から、３期連続でＲＯＥが８％未満かつＰＢＲ

図39 株主提案社数の推移

2024年6月総会で株主提案を受けた会社は過去最多の91社

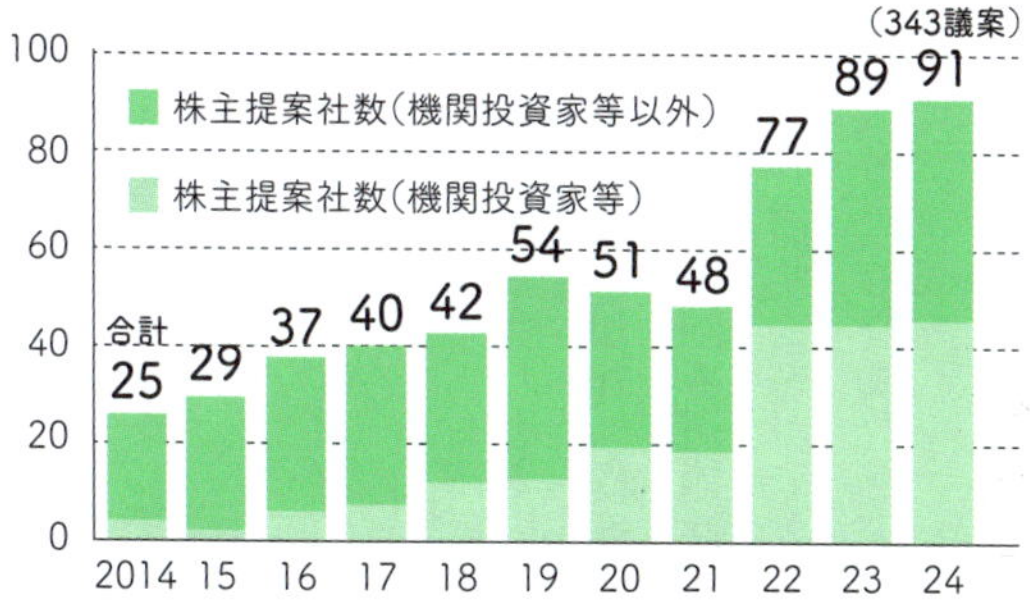

出所：https://diamond.jp/articles/-/345673

が1倍を下回る企業の経営陣への反対投票を実施する方針を示しています。

②政策保有株

政策保有株式とは、企業が純粋な投資目的ではなく、取引先との関係維持や買収防衛などの経営戦略目的で保有する株式です。株式持ち合いの形で保有されている場合も少なくありません。

ＩＳＳは２０２２年から、政策保有株式の保有額が純資産の20％以上の場合に経営陣への反対投票を行う基準を導入しています。日系運用機関も概ねＩＳＳと同様の基準を採用する傾向にあります。

③不祥事

近年、ほぼすべての運用会社が採用している基準として、企業で不祥事が発生した場合に反対投票を行うというものがあります。２０２４年6月の株主総会では、この基準によりトヨタの豊田会長の賛成率は70％台まで13ポイント下落し、ＳＢＩホールディングスの北尾会長の賛成率は60％台まで、30ポイント以上下落しました。不祥事が発生した場合、賛成率は通常10～30％程度低下すると考えられます。

①～③の基準が組み合わさると、経営陣にとって深刻な事態となり得ます。たとえば、低ＲＯＥで賛成率が70％程度の企業で不祥事が発生した場合、さらに20％の賛成率低下により50％を下回る可能性があり、経営陣の解任リスクが現実のものとなります。不祥事は取り消すことができないため、経営陣はＲＯＥの引き上げや株主還元の強化など、他の手段で賛成票を確保する強いプレッシャーにさらされることになります。

さらに重要なのは、このような企業の株式をアクティビスト投資家が保有している場合の影響です。アクティビスト投資家は低ＲＯＥなど会社の非効率性の改善を期待して投資しており、すでに株主総会で経営陣に対して反対票を投じている可能性もあります。そこに不祥事が加わると、会社の株主総会への危機感はさらに高まることでしょう。

「株主総会の低賛成率」「アクティビスト保有」「不祥事」という3つの要素が同時に発生する状況を、私は「黄金のトライアングル」と呼んでいます。企業に何らかの不祥事が発生したときには、株主総会の賛成率と株主構成をチェックし、企業の変革を期待します。

3 投資に生かすアクティビズム、身近なアクティビストファンド

本書を執筆している2025年現在の日本株式市場は、30年に一度ともいえる非常に良好な投資環境にあります。61歳の私にとっては、人生最後の大きな投資機会かもしれません。特に日本のアクティビズムは始まったばかりで、投資対象となる企業がまだ数多く存在します。

その最大の理由は、日本の上場企業の4割がPBR1倍を割れているという事実です。株主の3分の2の賛成があれば会社は解散でき、その場合、3章で説明したように、PBR1倍割れで購入した投資家には購入価格を上回る金額が払い戻されることになります。このようなチャンスを世界中のアクティビストが見過ごすはずがありません。

ただし、株式投資経験の浅い方や、これまで銀行預金のみを保有してきた方にとって、いきなり個別株投資を始めるのは難しいかもしれません。そういった方々には、まず日本株を主に投資対象とするひふみ投信（第7章でも触れます）からスタートすることをお勧めします。

もし日本のアクティビズムの発展に着目した投資をしたい場合は、アクティビストファンドへの投資が有効な選択肢となります。日本では既に、個人投資家から資金を集めてアクティビズムを行う投資信託が複数存在します。

代表的なものとして、マネックス・アクティビスト・ファンドがあります。このファンドは既に大日本印刷やしまむらに対して株主提案を行った実績があり、日本で最も早くアクティビズムに注目して募集を開始した個人投資家向けファンドです。個人投資家に代わってアクティビズムを行ってくれるため、気軽にアクティビズム投資に参加することができます。

また、不祥事問題で話題になっているフジ・メディア・ホールディングスはアクティビストのダルトン・インベストメンツが株を保有しています。そのダルトンも日本の個人投資家向けに投資信託「ダルトンジャパンパートナー戦略ファンド」を設定しています。今後もアクティビストファンドの設定は増え、投資家の選択肢は今後も増えていくでしょう。

狙うはPBR1倍割れ

アクティビズムを活用して個別銘柄投資に挑戦したい投資家は、PBR1倍割れの企業に注目すべきです。

アクティビストだけでなく、東京証券取引所自体がPBR低迷企業に対して改善策の開示と実行を求めています。既に全体の70％の企業が改善策を開示しており、今後はその実行フェーズに入ります。改善策を実行しても低PBRが続く場合は、さらに踏み込んだ対策が求められるでしょう。結果として、日本の株式市場でPBR1倍割れの企業は、欧米並みの10％程度まで減少していく可能性が高いと考えられます。

東証の要請に応じず、改善策を開示せずに低PBRを放置する企業に対しては、アクティビストが株主として登場し、株主総会などを通じて圧力をかけることで、低PBRの改善が進むでしょう。

さらに、第3章で説明したように、日本では敵対的買収が解禁となり、企業間の買収も増加傾向にあります。実際に、2023年12月には第一生命がベネフィット・ワンへの敵対的買収を試み、2024年12月にはニデックが牧野フライスへの敵対的買収を提案しています。また2024年4月には、みずほ証券が敵対的買収への助言業務を開始するなど、これまで距離を置いてきた日本の金融機関も積極的に関与し始めています。

低PBRを放置すれば買収対象になる。それを避けるためには株価を上げなければならない。そのような強い動機が上場企業に生まれています。このような環境下では、PBR1倍割れの企業の株価上昇期待は極めて高いといえるでしょう。

アクティビズムと年金資産の関係

アクティビズムや敵対的買収の増加を「野蛮」とか「マネーゲーム」などと捉え、

嫌悪感を抱く方もいるかもしれません。しかし、ここで忘れてはならない重要な視点があります。それは私たちが積み立てている年金との関係です。

第1章でご説明したとおり、GPIFは日本の公的年金資産を運用する機関であり、その資産の4分の1は日本株に投資されています。その多くはインデックスファンドによる運用であることから、アクティビズムの対象となっている企業や敵対的買収に関わっている企業もGPIFの運用ポートフォリオに含まれています。つまり、これらの企業は私たちの年金資産の投資先でもあるのです。

実際、アクティビズムの対象となった多くの上場企業の株価は上昇しています。ベネフィット・ワン、牧野フライス、セブン&アイ・ホールディングスなどがその例です。アクティビズムや敵対的買収は株価を押し上げる効果があり、結果として私たちの年金資産の増加に貢献しています。

このように考えると、**アクティビズムや敵対的買収は決して他人事ではありません。私たちの年金資産の成長という観点からは、むしろ歓迎すべき現象なのです。**

低PBRの会社の株価上昇可能性は高いものの、そこには重要な条件があります。第2章でも述べたように、現在PBR1倍割れの企業の多くは、ROEが8%以下という低水準にあります。この状況には明確な理由があります。

資本コストとROEの関係

これも第2章で説明したように、ROEは「マネーの虎であるオレ（投資家）のおカネで、会社の経営者が1年間にどれだけ稼いだか」を示す指標です。3%であれば一般的なアパート投資よりも低い水準であり、20%であれば非常に優れた経営といえます。

では、なぜ8%という水準が重要なのでしょうか。個人アクティビストの田端信太郎氏の説明によれば、過去30年の世界株式市場の年間平均リターンは7・7%で、MSCIオールカントリー指数もほぼ8%のリターンを示しています。新NISAで人気のオルカンはこの指数に連動しており、投資家は年間8%のリターンを期待して投資しています。

このことを踏まえると、ROE3%の企業への投資は魅力的とはいえません。100万円を投資しても年間3万円、つまり103万円にしかならないのです。これは株主が個別株投資に期待する最低限のリターン（株主資本コスト）である8%を大きく下回ります。そのため、ROEが8%を下回る企業のPBRは、会社の解散価値である1倍を下回ることになります。


実際、上場企業の中には、ROEの目標値そのものが株主資本コストを大きく下回っているケースも存在します。たとえば、木工用チップソーの製造で知られる天龍製鋸の中期経営計画では、ROE目標を4・7%と設定しています。これは株主資本コストの8%を大きく下回る水準であり、株価上昇は期待できません。実際にPBRは0・5倍です。このような目標設定は、経営陣のやる気の欠如か、適切なアドバイスの不在か、あるいは意図的な市場からの撤退を示唆している可能性があります。

過去の株主総会の結果を見ると、株主総会での賛成率は90%を超える高水準が維持されています。この高い賛成率は、経営陣に賛成票を投じる安定株主が多く、低RO

Eを批判する株主が少ないことを示唆しています。このような会社に変化を期待することは難しいでしょう。

したがって、**PBR1倍割れの企業に注目する際は、まず現在のROEと将来のROE目標をチェックし、8%を超える可能性があるかどうかを見極める**ことが重要です。

現代のアクティビストの特徴

現代のアクティビストには重要な特徴があります。それは無茶な要求をしないということです。PBR1倍割れの銘柄を保有している場合、あるいはそのような企業に注目した場合、アクティビストが株主として登場する可能性がありますが、彼らは他の株主の賛同を得られるような合理的な要求しか行いません。

具体的には、以下のようなものです。

- **低ROEの改善**
- **増配や自社株買いなどの株主還元の拡充**
- **経営陣への不満がある場合の新経営陣の推薦**

これらの要求は、すべて株主にとってプラスとなる内容です。

アクティビストは株価上昇のための触媒のような存在であり、一般の株主と同じ立場、同じ目的を持っているといえます。つまり、アクティビストはあなたと同じ船に乗る仲間として捉えることができるでしょう。

アナリストが株主の味方であるように、アクティビストもまた、株主価値の向上を目指す味方なのです。

本項のポイント

- 2014年から配当と自社株買いが増えた
- その理由は2014年のスチュワードシップコード
- スチュワードシップコードで株主総会で積極的な投票が始まる
- PBRとROEの関係
- アクティビストは、実は私たちの味方

第6章

実践！私の投資ルール

1 私が実践している投資ルール10

本書の最後となる第6章では、私が実践している投資のルールをご説明します。以下の10項目についてお伝えしていきます。

ルール1：できるだけ自分で考える
ルール2：株を持っていない人の意見は聞かない
ルール3：3割以上上がっている銘柄を買わない
ルール4：ストップロスの水準は自分で決めておく
ルール5：少しずつ買う
ルール6：売る値段、タイミングをだいたい決めておく
ルール7：2倍になったら半分売る

ルール８：ダメな銘柄を最初に売る
ルール９：弱気相場のときの他人の否定的な意見は間違っている。
ルール10：３つの四文字熟語を大切にする

ルール１ できるだけ自分で考える

『選択の科学』（シーナ・アイエンガー、文藝春秋、２０１０）という書籍では、「人は自分で選択したことが失敗しても後悔は少ないが、他人に指図されて行った選択が間違いだった場合の後悔は大きい」という重要な指摘がなされています。

株式投資は後悔の連続です。株を買って下がれば「なぜあのタイミングで買ったのか」と後悔し、売った株が上がれば「なぜあのタイミングで売ったのか」と後悔します。この後悔をできるだけ小さくするためには、「自分で判断する」ことが重要です。

特に、アナリストの判断を１００％信頼して売買するのは避けるべきです。第４章で説明したように、アナリストの判断に従うとパフォーマンスはマイナスになりがちです。

アナリストの投資判断が間違いやすい理由は主に2つあります。

1つ目は、アナリストの多くが実際の株式投資経験に乏しいことです。多くのアナリストは入社時点で調査部に配属され、厳格なコンプライアンスルールにより個別株の売買が禁止されているケースがほとんどです。投資経験のないアナリストは投資判断が甘くなり、株価上昇後に買い判断を出す傾向があります。

2つ目は、証券会社のアナリストに求められているのが必ずしも株価予想の的中ではないということです。機関投資家は、アナリストに対して業界知識や企業経営陣へのアクセスなどを求めており、株価判断は評価項目の1つに過ぎません。

したがって、**個人投資家は、テクニカル分析、ROE、PBR、PERなどの指標を理解し、自分で判断を下すことが最も良い結果につながる**と考えられます。

ルール2 株を持っていない人の意見は聞かない

株式投資において、実際に株を保有しているかどうかで真剣度が大きく異なります。

株を持っていない人の意見を聞くことは、意味がないどころか、むしろ有害となる可能性があります。この観点から、テレビの金融番組に登場する専門家の意見も注意が必要です。彼らの実際の投資経験は不明だからです。

この点について、興味深い研究があります。心理学者で政治学者のフィリップ・テトロック氏は、1984年から20年間にわたり、284人の政治の専門家による予測を調査しました。対象となった専門家は高学歴で、平均12年以上の専門分野での経験を持っていました。8万2361件の予測を分析した結果、**「テレビに出演する専門家ほど予測が外れる」**という結論が導き出されました。

知名度と予測の正確さには「強い反比例の関係」があり、メディアへの露出が多い専門家ほど、予測が間違う確率が高いことが判明しました。この結果は、政治予測だけでなく、金融予測にも当てはまると考えられます。実際に、金融専門番組のコメンテーターの解説や予想には疑問を感じることが多々あります。

最近の例として、前回の米大統領選挙があります。多くのメディアがバイデン大統領の勝利を予想する中、実際にお金をかけて予想を行う賭けサイトではトランプ大統領勝利の予想が優勢でした。結果は賭けサイトの予想どおりとなり、金銭的リスクを伴わないメディアの予測と、実際に賭金を投じる賭けサイトの予測の精度の違いが明確になりました。

このように、**株式投資において、実際に自己資金でリスクをとっていない人の意見は参考にしない**ことです。また、テレビのコメンテーターの意見も慎重に判断するべきでしょう。

ルール3 3割以上上がっている銘柄を買わない

第3章で説明したとおり、良い銘柄や投資アイディアを見つけた際は、まず株価チャートを確認することが大事です。直近3ヵ月以内に株価が3割も上昇している銘柄については、あわてて購入することは避けるべきです。

特に注意が必要なのは、株価のボトム圏で出来高が増加しているケースです。なぜなら、底値で購入した投資家は、株価が短期間で3割も上昇すると、利益確定の売却を検討するのが一般的だからです。そのため、利益確定の売りが集中することで株価が下落するリスクを考慮する必要があります。

魅力的な銘柄であれば、焦って購入する必要はありません。しばらく株価の動向を観察し、下落のタイミングを待って購入することをお勧めします。

下落のタイミングを待つのであれば、具体的な買い指値の水準としては、上昇幅の半分程度、つまりボトムから15％程度上昇した水準が一つの目安となります。

仮に、待機している間に株価がさらに上昇を続けた場合は、素直にその機会を見送るべきです。日本の株式市場には４０００社以上の上場企業があり、チャンスは常に存在しています。チャンスを逃すことで直接的な損失が発生するわけではありませんが、高値で購入してロスカットとなれば実質的な資産の目減りとなります。また、ロスカットせずに保有し続ければ、その資金は塩漬けになってしまいます。

このようなリスクを回避するため、株価のチャートを十分に確認し、高値での購入は避けることを心がけましょう。

ルール4　ストップロスの水準は自分で決めておく

株式投資において、失敗を認めることも大事です。どれほど綿密な分析を行い、自信を持って判断した投資であっても、購入価格を下回ることは日常的に起こり得ます。そうなったときのために、あらかじめストップロス（損切り）の水準を設定しておきましょう。

私の場合、ストップロスの水準を10％に設定しています。この水準に落ち着いた理由として、5％では個別銘柄の日常的な株価変動を考えると頻繁なストップロスを引き起こしてしまい、かといって20％では損失が大きすぎて後悔を招くことになります。20％もの下落を許容してしまうと、なぜそのような銘柄を購入したのかという自責の念に苛まれることにもなりかねません。

もちろん、投資家それぞれにリスク許容度は異なりますので、自分に適したストップロス水準を見つけることが重要です。

まずは10％を基準として設定し、その後、実際の運用経験に基づいて調整していくのも1つの方法でしょう。ただし、最も避けるべきは、さまざまな言い訳をつけて、設定したストップロス水準を無視し、下落銘柄を放置してしまうことです。自ら定めた規律は必ず守る姿勢が重要です。

前章で説明したとおり、個別銘柄への投資は時間分散して行うことをお勧めします。時間分散投資を行えば、自然と複数の異なる価格での購入となり、全保有を一度に売却するような事態も避けられます。これにより、一部の保有分がストップロスを免れた場合、その銘柄を維持しながら、より安値での再投資も可能となります。

ストップロスには、一度保有を減らすことで心理的なハードルを下げ、より安値での再投資を可能にするという効用もあります。保有し続けている状態では、心理的に買い増しが難しくなりがちですが、ストップロスを実行することで、より冷静な判断が可能となるのです。

ルール5 ―― 少しずつ買う

先のルール4で触れた時間分散投資の具体的な方法について説明します。

たとえば、ある銘柄に100万円の投資を予定している場合、3つから5つに分けて購入することをお勧めします。具体的には20万円から30万円ずつに分けて、段階的に投資を進めていくのです。

ただし、最低投資単位が100万円に近い高額銘柄の場合、予算が100万円では分散投資が難しくなります。そのような場合は、慎重な指値注文を心がけましょう。過去3ヶ月のチャートを確認し、できるだけ下値圏に近い水準で指値を入れることが重要です。

このように少しずつ投資することで、その銘柄特有の値動きの特徴が見えてきます。たとえば、想定以上に投機的で株価が大きく変動する場合や、為替相場、特に円高に対して過敏に反応する場合があります。さらには、日経平均株価が上昇しているにもかかわらず、投資対象の銘柄が下落するというケースも珍しくありません。

分散投資を通じてこうした銘柄の特性を理解することで、適切な対応策を見出すことができます。

たとえば、株価変動が激しい投機的な銘柄であれば、保有比率を抑えめにする選択が可能です。また、円高に弱い銘柄であれば、為替市場が円安に転じるまで様子見するという判断もできます。日経平均と逆行して下落する銘柄については、自身の投資仮説とは異なる下落要因が存在する可能性を探ることができます。

一方、予算額を一度に投資してしまうと、こうした柔軟な対応が困難になります。

理想的には、1週間から1ヶ月程度の期間での分散投資をお勧めします。私自身は性急な性格から3日程度で投資を完了させてしまい、後悔することも多々あります。特に投資経験が5年以内の投資家の方々には、1週間から1ヶ月程度の期間での分散投資を強くお勧めします。

ルール6 ― 売る値段、タイミングをだいたい決めておく

短期的な売買において、（厳密である必要はありませんが）おおよその目標売却価格を設定しておくことは重要です。

たとえば私の場合、PBRが1倍を下回る銘柄を購入する際は、PBR1倍を売却価格の目安としています。また、PERが市場平均を下回る銘柄については、PERが市場平均に到達した時点を売却の検討時期としています。

売却や保有ポジション縮小のタイミングとして、私は「株価が好材料を織り込んだとき」を重視しています。具体的には以下のような状況が当てはまります。

まず、業績の上方修正を期待して購入した銘柄については、実際に会社が業績の上方修正を発表した時点を売却機会と捉えます。これは好材料が出尽くしたと考えるためです。発表された数字が期待どおりであれば全保有株式を売却し、期待以上の上方修正であれば半分を売却して残りは様子見という判断をします。

次に、期待されていたカタリスト（株価上昇要因）が実現したり、日経新聞などで報

道されたりする場合です。カタリストには、自動車メーカーの新型車発表、ゲームメーカーの新作発売、製薬会社の学会発表、アミューズメント施設の新規オープン、中期経営計画の発表、電力会社の原子力発電所再稼働など、事前にスケジュールが公開され、市場で好材料として認識されているものが含まれます。

これらが実際に発表されたり、主要メディアで大きく報道されたりした時点で、好材料が株価に織り込まれたと判断します。つまり、当面は新たな株価上昇要因が見込めないと考えるのです。

このため、**事前に「どのような状況で好材料が出尽くし、売却のタイミングとなるか」を想定しておく**ことが重要です。長期保有を予定している銘柄については、一時的に保有ポジションを減らし、次の株価上昇機会を待つという戦略をとることをお勧めします。

ルール7 2倍になったら半分売る

このルールは非常に効果的です。

保有銘柄の株価が購入価格の2倍に到達した場合、その半分を売却することで、投資における心理的な不安を大幅に軽減することができます。なぜなら、2倍になった時点で半分を売却すれば、残りの保有分については実質的な損失が発生しない状態となるためです。

このような状況になった銘柄は、特別な事情が生じない限り、売却を急ぐ必要性が低くなります。そのため、長期投資の対象としても適しています。また、前述のルール6で説明したような短期的な売買ルールの適用も、必ずしも必要ではなくなってきます。

特に、長期的な利益拡大や持続的な成長が期待できる銘柄については、このルールを適用して保有を継続することで、さらなる値上がり益を享受できる可能性が高まります。

このように、本ルールはとりわけお勧めしたい戦略です。

ルール8 ダメな銘柄を最初に売る

投資をしていると、ルール4で設定したストップロスの基準には該当しないものの、相性の悪い銘柄や値上がりに苦戦する銘柄、日経平均株価と比較して相対的に値動きの悪い（アンダーパフォームする）銘柄を保有してしまうことがあります。銘柄の入れ替えや資金化が必要となった際は、まずこうした銘柄を売却対象とすべきです。

多くの投資家は、利益が出ている銘柄を先に売却し、損失が発生している銘柄は最後まで保有したがる傾向があります。「まだ何らかの好材料が出る可能性があるから保有を継続し、その代わりに利益の出ている銘柄で利益確定をしよう」といった判断をしがちです。しかし、これは逆の発想であるべきです。

パフォーマンスの悪い銘柄をポートフォリオに抱え続けることは、投資家の心理面にも悪影響を及ぼします。そのような銘柄を見るたびに「なんて私は愚かなのだろう」といったネガティブな感情が湧き上がり、投資に対する意欲を低下させてしまいます。

したがって、パフォーマンスの悪い銘柄は、できるだけ早期にポートフォリオから除外し、心理的な負担から解放されることが重要です。これは投資において非常に重要なコツの1つといえます。その銘柄についての執着を断ち切り、新たなチャンスに向けて前向きな姿勢を維持することが、長期的な投資成功への鍵となるのです。

ルール9 弱気相場のときの他人の否定的な意見は間違っている

株式市場において、「直近の高値から20%以上の下落」は弱気相場入りの定義とされています。このような局面では、特にSNSなどで注目を集めるために極端な弱気意見が横行し、無責任な見方も増加する傾向にあります。しかし、このような状況下では冷静な判断が特に重要です。弱気意見に影響されて投資持ち高をゼロ（ノーポジション）にしてしまうと、望ましくない結果を招く可能性が高くなります。

ＴＯＰＩＸとＳ＆Ｐ５００の過去の大幅な株価変動の事例は、この点で非常に示唆に富んでいます（図40）。

図 40 TOPIXとS&P500の過去の大幅な株価変動の事例

TOPIX(東証株価指数)

下落率(上位5日)

1	2008/10/16	-9.5%
2	2011/03/15	-9.5%
3	2008/10/08	-8.0%
4	2008/10/24	-7.5%
5	2011/03/14	-7.5%

上昇率(上位5日)

1	2008/10/14	13.7%
2	2008/10/30	8.3%
3	2016/02/15	8.0%
4	2020/03/25	6.9%
5	2011/03/16	6.6%

S&P500種株価指数

下落率(上位5日)

1	2020/03/16	-12.0%
2	2020/03/12	-9.5%
3	2008/10/15	-9.0%
4	2008/12/01	-8.9%
5	2008/09/29	-8.8%

上昇率(上位5日)

1	2008/10/13	11.6%
2	2008/10/28	10.8%
3	2020/03/24	9.4%
4	2020/03/13	9.3%
5	2009/03/23	7.1%

出所:https://www.nomura-am.co.jp/sodateru/stepup/history/learning-from-the-crash.html

図41 | 保有条件別のリターン比較

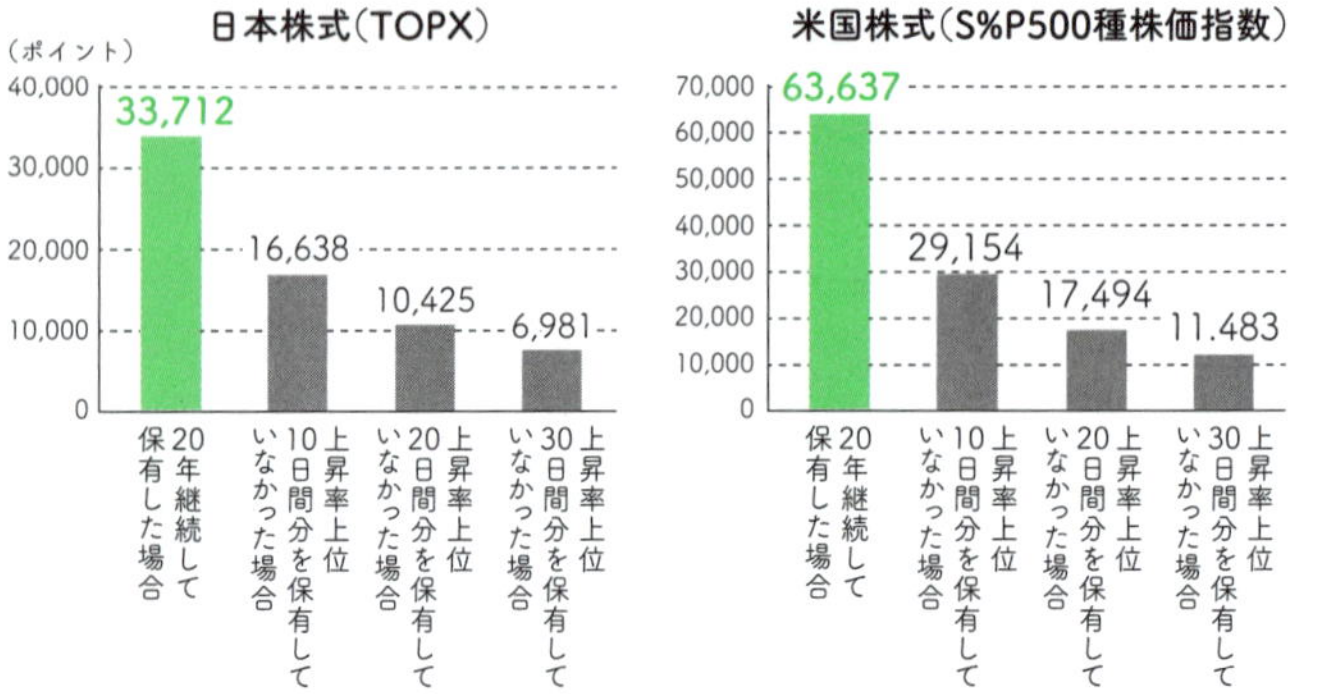

出所：https://www.nomura-am.co.jp/sodateru/stepup/history/learning-from-the-crash.html

歴史的に見ると、大幅下落の時期と大幅上昇の時期はほぼ同時期に発生しています。そして、投資パフォーマンスの差は顕著です。株式を保有し続けた投資家は好パフォーマンスを達成している一方で、大幅上昇日に株式を保有していなかった投資家のパフォーマンスは大きく劣後しています。つまり、ノーポジションを選択した投資家は、著しく不利な結果となっているのです（図41）。

弱気相場で否定的な意見が蔓延している状況では、各種テクニカル指標の確認が有効です。私は以下の3つの指標を重視しています。

まず、**①日経平均の騰落レシオ**です。この指標が70％以下になると「売られすぎ」の状態を示します。次に、**②日経平均のRSI（相対力指数）**で、30％以下が売られすぎを示します。そして、**③CNNが算出しているFear&Greed指数**です。これが「Extreme Fear」を示している場合、市場参加者が極度の恐怖状態にあることを表しています。

これらの指標がすべて売られすぎを示し、特にFear&Greed指数が極度の恐怖状態を示している場合、株式市場は反発局面に入る可能性が高いと考えられます。なぜなら、テクニカル指標からはこれ以上の下落余地が限定的だと判断できるためです。そして、このような局面では往々にして市場で弱気な意見が目立つようになります。

このような状況下では、否定的な意見に惑わされることなく、むしろノーポジションこそがリスクが高いと考えるべきです。弱気相場においてこそ、否定的な意見は往々にして誤りであり、この状況に立ち向かうことが高いリターンを生む機会となり得るのです。

ルール10 ３つの四文字熟語を大切にする

株式投資はときにサイエンス&アートと表現されます。数値的な判断を重視するサイエンスの側面と、直感的・抽象的な判断を必要とするアートの側面を併せ持っているというわけです。

また、株式市場は人間の判断によって売買が行われるため、多くの例外的な状況が生じます。これまで説明してきた投資ルールも、私個人の指針であり、私自身も完全に厳密な運用を行っているわけではありません。

そうした株式投資において、私は以下の３つの四文字熟語を特に大切にしています。

1つ目は**「臨機応変」**です。市場環境の変化に対して、柔軟に対応することが重要です。

2つ目は「**朝令暮改**」です。朝に下した判断を夜になって改めることを恥じる必要はありません。むしろ、朝令暮改を避けることにこだわりすぎて、投資機会を逃したり損失を拡大させたりすることこそ有害です。状況の変化に応じて判断を改めることは、投資において重要な姿勢といえます。

3つ目は「**高田純次**」です。投資にはアート的な要素があるため、適度な「テキトー」さも必要です。また、明るく楽観的な姿勢を保つことも重要な要素となります。このバランス感覚は、長期的な投資成功の鍵となるでしょう。

2 私のＮＩＳＡ攻略法

新ＮＩＳＡの投資枠は年間３６０万円で、その内訳は投資信託専用の「積み立て投資枠」が年間１２０万円、投資信託と株式に投資可能な「成長投資枠」が２４０万円となっています。１人当たりの非課税限度額は１８００万円で、５年間にわたって毎年３６０万円の枠を使い切ることで、この限度額に到達します。成長投資枠の非課税限度額は１２００万円であるため、１８００万円の限度額を最大限活用するには、積み立て投資枠での投資信託購入が必要となります。

積み立て投資枠で選択可能な投資信託は２９０銘柄あり、多くの投資家が人気のインデックスファンド「オルカン」を選択する傾向にあります。しかし、前述の「混み合ったポジションは避ける」という原則に従い、私はオルカンへの投資は控えています。また、インデックスファンド全般についても、いくつかの問題点があると考えているため、選択肢から除外しています。

私が新NISAの積み立て投資枠で選択しているのは、レオス・キャピタルワークスの「ひふみプラス」とキャピタルの「世界株式ファンド」です。どちらも株式投資に特化したアクティブ型投資信託です。ひふみプラスは主に日本に投資を行い、世界株式ファンドは世界中に分散投資を行う投資信託です。毎月10万円ずつ、クレジットカード決済で購入しています。クレジットカード決済を選択している理由は、楽天カードの1％ポイント還元を活用するためで、年間120万円の積立で1・2万円相当のポイントが獲得できます。

これらの投資信託を選択した理由は、まず両社が長期運用に適した運用会社であることです。レオスは藤野英人氏が創業した独立系運用会社で、藤野氏自身が運用責任者を務めています。キャピタルも独立した運用会社で、経験豊富なファンドマネージャーを擁しています。

ひふみプラスの特徴として、保有株式を最大50％まで現金化できる柔軟な運用が可能である点が挙げられます。実際に新型コロナウイルスによる株価下落時には31%まで現金化し、急落に対応しました。

キャピタルの特徴は、広告宣伝費を抑え、その分を優秀なファンドマネージャーの報酬に充てる方針と、8年という長期的な視点でのファンドマネージャー評価にあります。広告宣伝を行っていないので、知る人ぞ知る投資信託ですが、アメリカでは最大規模のアクティブ運用を行う投資信託です。

新NISAで億万長者への道

私の積み立て投資枠を使った将来の見通しを検討してみましょう。

私は現在、毎月10万円、年間で120万円の投資を行っています。株式投資の長期平均リターンである年率8%での運用を続けると仮定します。

新NISAの非課税限度額は1800万円ですので、毎年120万円の積み立てを続けると15年で限度額に達します。この時点での投資資産はどうなっているでしょうか？　元本1800万円に対し、運用益約1600万円が加わり、合計で約

３４００万円となります。

さらに、この３４００万円を手をつけずに放置し、年率８％の運用が続くと仮定しましょう。非課税限度額に達したため積み立ては停止しますが、運用は継続します。そのまま15年後、つまり最初の積み立てから30年後には、私の新ＮＩＳＡ資産は1億円に達することになります。

私は60歳から新ＮＩＳＡを始めたので、億万長者になる時点では90歳です。90歳で1億円を持つことの意味については疑問が生じるかもしれませんが、これによって90歳まで健康寿命を維持しようという別の目標も生まれるため、この「毎月10万円、30年後に1億円」という目標を掲げています。

この長期投資による億万長者の誕生は、すでにイギリスで現実となっています。日本のＮＩＳＡはイギリスのＩＳＡを参考に設計されており、イギリスのＩＳＡは１９９９年から始まりました。２０２４年の報道によると、ＩＳＡ口座保有者の中から４０００人の億万長者が誕生しています。ＩＳＡ開始から25年経過してこのような成果が出ているのです。

イギリスのＩＳＡ口座数は人口の約半分の２４００万口座で、億万長者の割合は６０００人に１人です。これは年末ジャンボ宝くじの当選確率（１０００万分の１）やゴルフでホールインワンを出す確率（３・３万分の１）よりもずっと高い確率です。そして、ＩＳＡ億万長者の特徴として、株式または株式投資信託を保有している点が挙げられます。

さて、ここまでお読みになった皆さんは、次のような疑問をお持ちになっているかもしれません。

「株式や株式投資信託の投資を行うにしても、現物株を買うのか、アクティブ運用の投資信託を買うのか、インデックス運用の投資信託を選ぶのか、どうすべきか？」

そこで、ここではそれぞれのメリット・デメリットを説明します。

株式投資のメリット・デメリット

メリット

① 個別銘柄の大規模な配当金を享受できる。特に日本企業の株主還元は増加傾向にあり、配当利回り4～6％と高水準の配当を得られる

② 株主総会の議決権を行使できる。企業経営や株主還元に不満があれば反対投票を行い、アクティビズムに参加できる

③ 楽天証券やSBI証券などのネット証券で、手数料ゼロで売買ができる

デメリット

① 価格変動がインデックスと比べて激しい

② 決算発表など個別企業のニュースに注意を払う必要があり、時間の投資が必要

③ 分析によって得られたファンダメンタルズやバリュエーションがすぐに株価に反映されるとは限らず、忍耐が求められる場合がある

アクティブ運用投資信託のメリット・デメリット

メリット

① ポジションの現金化やポートフォリオの入れ替えをファンドマネージャーに任せられる
② 小型株投資やアクティビスト投資など、個人では難しい投資戦略を実行してくれる
③ 未公開株投資が可能な投資信託も増えており、大きなリターンの可能性がある（個人では未公開株を入手することはとても難しい）

デメリット

① TOPIXやS&P500などのベンチマークに勝てる投資信託は限られているため、良質な投資信託を厳選する必要がある
② 手数料はインデックス運用より高い
③ テーマ型投信など、投資価値よりも販売や手数料重視の商品が存在する

インデックス運用のメリット・デメリット

メリット

①手数料が安い

②購入したインデックス通りに基準価格が変動する

③指数への投資のため、個別株よりも変動が少ない

デメリット

①ポートフォリオの入れ替えや現金化は自分で判断する必要がある

②指数構成銘柄すべてを保有するため、倒産リスクのある企業や著しい不振企業も間接的に保有することになる。「指数に連動する」というマニュアルに沿った運用なので臨機応変な対応はしてくれない

③インデックスの構成銘柄のウェイトが極端に偏っている場合がある

図42 GDP（米ドルベース）の国別トップ10（2024年、予想値）

順位	国・地域別	金額	世界シェア
1	米国	29.17%	26.5%
2	中国	18.27%	16.6%
3	ドイツ	4.71%	4.3%
4	日本	4.07%	3.7%
5	インド	3.89%	3.5%
6	英国	3.59%	3.3%
7	フランス	3.17%	2.9%
8	イタリア	2.38%	2.2%
9	カナダ	2.21%	2.0%
10	ブラジル	2.19%	2.0%

出所：https://www.smd-am.co.jp/market/daily/focus/2024/focus240518gl.pdf

図43 世界株インデックスの国別ウエイト

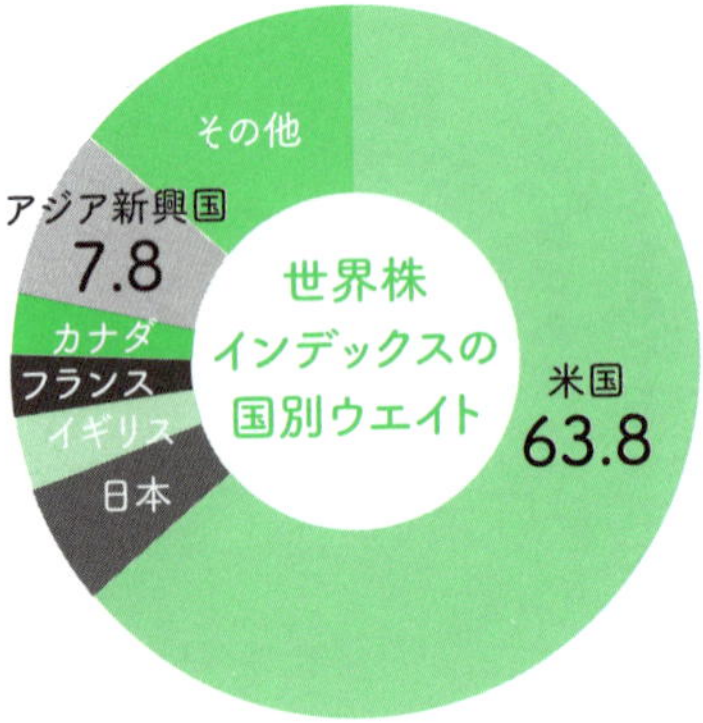

出所：https://www.smd-am.co.jp/market/daily/focus/2024/focus240518gl.pdf

インデックス運用のデメリット③についてはとても重要ですので、補足します。

人気のオルカン（MSCIオールカントリー指数連動型ファンド）における「マグニフィセント7」（エヌビディア、マイクロソフト、アップル、テスラ、メタ、グーグル、アマゾン）の比重が約2割を占めています。世界経済のGDPでアメリカ全体が26％程度であるにもかかわらず（図42）、わずか7銘柄で2割を占めているのです。

さらに、オールカントリー指数の国別ウェイト（図43）では、アメリカ株だけで60％を超えており、実質的にはアメリカ一極集中型のファンドといえます。このような指数の偏りは将来的に問題を引き起こす可能性があり、警戒が必要です。

たとえば、マグニフィセント7のうち1社でも問題が発生すれば、指数全体に影響を及ぼします。また、インデックスファンドの性質上、問題のある企業でも売却できないという制約があります。そういった点も、私はネガティブ要素と考えます。

3 私の個別株投資スタンス

今は日本株の個別株投資に積極的に取り組むべき時期であると私は考えています。この機会を活かさずにインデックスファンドやアクティブ運用の投資信託だけに留まり、個別株投資のリターンを追求しないことは、将来大きな後悔につながるでしょう。

私の個別株投資における重点対象は、高配当利回り＆ＰＢＲ（株価純資産倍率）１倍割れの銘柄です。日本株市場において高ＰＥＲ（株価収益率）の成長株には関心がなく、**高配当利回り&PBR1倍割れの銘柄こそが今後インデックスを大きく上回るパフォーマンスを示す**と考えています。この状況は、高配当利回り・低ＰＢＲ銘柄が市場から消えるまで続くでしょう。

第2章で説明したとおり、日本株は有望であり、株主還元も増加していくと予想しています。株主還元が増える理由は、ここまでの繰り返しになりますが、主に2つあります。

第一に、2014年のスチュワードシップコード導入後、株式の持ち合いが解消され、「安定株主」が減少しました。その結果、モノ言う株主によるアクティビズムが活発化し、上場企業は株主総会での賛成票を増やすために積極的な株主還元を行うようになりました。これは過去40年間の日本では見られなかった高水準の株主還元の恩恵を受けるチャンスです。

第二に、2023年の経済産業省による「同意なき買収の指針」発表以降、敵対的買収（「同意なき買収」と呼ばれるようになった）が増加しています。PBR1倍割れなどの低バリュエーションを放置すると買収対象となる可能性があり、低PBR企業は株主還元などで株価上昇を促す動きが高まると考えられます。

この環境を活かすためには、高配当利回り&PBR1倍割れ銘柄を長期保有し、株価が上昇して一般的な水準（配当利回りの低下とPBR1倍以上）になるまで保有を継続するスタンスで投資を行うのが良いでしょう。現在も市場の約4割の企業がPBR1倍を割れているため、**多くの有望銘柄が眠っている**と考えられます。

では、このような銘柄をポートフォリオの何%まで組み入れるべきでしょうか？

私の場合、金融資産の50%が株式で、そのうち8割が日本株、さらにその日本株の7割が高配当利回り&PBR1倍割れの銘柄で構成されています。つまり、全金融資産の約3割がこの戦略に配分されています。これは私がこれらの銘柄の上昇に大きく期待しているためです。

より一般的な指針として、第1章で取り上げたGPIFのポートフォリオを参考にすると、GPIFでは運用資産の50%が株式で、そのうち25%が日本株です。このGPIFの資産配分に合わせる場合、高配当利回り&低PBRの銘柄への投資比率はどうすべきでしょうか？

高配当利回り＆低ＰＢＲへの投資は、株式投資の中では比較的リスクが低い戦略です。なぜなら、配当利回りとＰＢＲは株価の下落リスクを限定する要素だからです。配当利回りが６％の銘柄が９％になることは稀ですし、ＰＢＲは会社の解散価値との対比を示すため、理論上は株価がＰＢＲ１倍を大きく下回ることは考えにくいのです。

したがって、先に述べた２つの理由に賛同いただける場合、日本株ポートフォリオの半分（つまり全体の12・５％）を高配当利回り＆ＰＢＲ１倍割れの銘柄に配分することは合理的だと考えます。

あとがき

私はこれまでのキャリアのほとんどを、「機関投資家向けセールス」という仕事に費やしてきました。日本株の運用を行う機関投資家に、運用の参考となる情報やアドバイスを届ける仕事です。ゴルフにたとえるなら、プロゴルファーにアドバイスをする専属キャディーです。

そこで私は欧米の外資系運用会社、主要なヘッジファンド、あるいは近年注目を集めるアクティビスト投資家など、多くの一流プロフェッショナルを担当してきました。ですから私は、機関投資家のことを誰よりもよく知っています。

長年勤めた外資系証券会社は、収益追求を徹底する厳しい環境でした。

「上位20％の顧客が手数料収入全体の80％を生み出す」という、いわゆる「20％80％

の法則」のなかで、優先顧客へのサービス品質維持が求められました。とりわけ多額の手数料を支払う機関投資家には多くの証券会社が群がりますから、その中で上位評価を得ることは容易ではありません。競合他社は常に10社以上。いかにトップの座を維持するか。まさにレッドオーシャンの世界でした。

そのような競争を生き抜くため、私は毎朝4時半に起床し、始発の次の電車で出社。6時にはお客様に電話して留守電にメッセージを残したあとに、社内ミーティング、お客様向け情報メールの作成、そして9時以降は1日100本近い電話をお客様にかけるという日々でした。加えて日中はアナリストを伴ってミーティングに出席し、夜は週3回ペースでお客様と情報交換のディナーと、密度の高いコミュニケーションを続けてきました。

こんな日々を何年も続けながら、日本株の主要顧客に高い評価をいただいてきました。

この過酷な環境で得た経験と知見を、個人投資家の皆さんにも届けたい――

それが、この本を書こうと思った理由のひとつです。

8年ほど前からは、個人投資家向けに講演活動も始めました。

実際に個人の方々と話す中で驚いたのは、PER、PBR、ROEといった基本的な指標を知らない方が多いことでした。

株や不動産には「バリュエーション（評価基準）」があるにもかかわらず、それを知らずに投資をしている人が多いのです。

新NISAも始まり、投資がより身近になっている一方で、基本的なバリュエーションを知らずに株式投資を行うのは、あまりにも危険だと私は感じています。

とはいえ、既存の解説書は計算式が並ぶ無味乾燥なものが多く、これでは知識が「使える力」にならない。

そこで、講演などで好評だった説明をベースに、個人投資家が実践で役立つよう工夫を凝らしてまとめたのが、本書です。

この一冊が、みなさんの投資判断に役立つことを願っています。

現在は、機関投資家担当の現場を引退していますが、生活リズムは現役時代とほとんど変わりません。毎朝4時半に起床し、ニュースをチェックしながら、SNS（X）でマーケット情報を発信し続けています（https://x.com/TaguchiRenta）。ご関心があればフォローしていただけると投資の役に立つかもしれません。

ただし、私を装った〝なりすましアカウント〟がいくつも存在しますので、ご注意ください。「週に3銘柄、暴騰銘柄を教えます！」などの怪しげな宣伝をしているのは、私ではありません。私はそんなに常識外に優秀ではありませんから。

チェックマーク付きの公式アカウントが〝本物のカブ先生〟ですので、もしよければフォローしてみてください。

また、不定期ではありますが、日本証券新聞社のセミナーにも登壇しています。リアルで「カブ先生」に会ってみたい方は、ぜひご参加ください。セミナー情報はXでも発信しています。

さらに、日本証券新聞にて「私の尻馬投資法」というコラムも連載していますので、ご興味があれば、そちらもご覧ください。

最後に、これまでのキャリアでお世話になった方々への感謝を記して、筆をおきたいと思います。

大和証券時代には、中田誠司会長や松井敏浩副会長をはじめ、多くの素晴らしい上司・同僚に恵まれました。令和ロマンの漫才をテレビで観て、「見覚えのある目つきだな」と思ったら、松井副会長のご子息だと知り、驚いたことも記憶に新しいです。ジュネーブ支店時代には佐々木規雄氏、ＵＢＳ証券では松本克己氏とアンディ・ハンター氏に、多くのことを教わりました。

そして、本書の制作にあたっては、ディスカヴァー・トゥエンティワンの千葉正幸氏から的確なアドバイスをいただき、大変助けられました。

ここにお名前を挙げられなかった方々も含め、すべての出会いとご縁に、心から感謝申し上げます。

最後までお読みいただき、ありがとうございました。

- 本書に掲載された情報は、２０２５年３月時点の法制度、市況、社会情勢、サービス内容等に基づいています。本書刊行後、これらが変更される可能性がございますので、あらかじめご留意ください。
- 本書は投資情報の提供を行っていますが、特定の商品の勧誘や売買の推奨等を目的としたものではありません。
- 本書の利用によって何らかの損害が生じた場合でも、出版社および著者は一切責任を負いません。投資にあたっての最終判断はご自身で行っていただくようお願いいたします。
- 個別の金融サービスや金融商品の詳細については、各金融機関に直接お問い合わせください。

投資の超プロが教える！

カブ先生の「銘柄選び」の法則

発行日　2025年4月18日　第1刷
2025年5月29日　第2刷

AUTHOR　田口れん太

BOOK DESIGNER　装丁：小口翔平＋畑中茜(tobufune)
本文＋DTP：小林祐司

PUBLICATION　株式会社ディスカヴァー・トゥエンティワン
〒102-0093　東京都千代田区平河町2-16-1 平河町森タワー11F
TEL　03-3237-8321(代表) 03-3237-8345(営業)／FAX　03-3237-8323
https://d21.co.jp/

PUBLISHER　谷口奈緒美
EDITOR　千葉正幸

STORE SALES COMPANY
佐藤昌幸　古矢薫　蛯原昇　石橋陸　生貫朱音　佐藤淳基　津野主揮　鈴木雄大　山田諭志
藤井多穂子　松ノ下直輝　小山怜那　町田加奈子

ONLINE STORE COMPANY
飯田智樹　庄司知世　杉田彰子　森谷真一　青木翔平　阿知波淳平　大﨑双葉　北野風生　舘瑞恵
徳間凜太郎　廣内悠理　三輪真也　八木眸　安室舜介　高原未来子　江頭慶　小穴史織　川西未恵
金野美穂　千葉潤子　松浦麻恵

PUBLISHING COMPANY
大山聡子　大竹朝子　藤田浩芳　三谷祐一　千葉正幸　中島俊平　伊東佑真　榎本明日香　大田原恵美
小石亜季　西川なつか　野﨑竜海　野中保奈美　野村美空　橋本莉奈　林秀樹　原典宏　村尾純司
元木優子　安永姫菜　古川菜津子　浅野目七重　厚見アレックス太郎　神日登美　小林亜由美　陳玟萱
波塚みなみ　林佳菜

DIGITAL SOLUTION COMPANY
小野航平　馮東平　林秀規

HEADQUARTERS
川島理　小関勝則　田中亜紀　山中麻吏　井上竜之介　奥田千晶　小田木もも　福永友紀　俵敬子
三上和雄　石橋佐知子　伊藤香　伊藤由美　鈴木洋子　照島さくら　福田章平　藤井かおり　丸山香織

PROOFREADER　株式会社T&K
PRINTING　日経印刷株式会社

ISBN978-4-7993-3141-5
TOUSHI NO CHO-PRO GA OSHIERU KABU SENSEI NO MEIGARAERABI NO HOUSOKU by Renta Taguchi